MARTINA AMON · SVEN BACH

Ernährungsratgeber Gastritis

Alles, was Sie bei Magenschleimhautentzündung wissen müssen

80 Rezepte

2. Auflage

humboldt

VORWORT

Liebe Leserin, lieber Leser,

kennen Sie diese Tage, an denen Ihr ganzer Magen und Darm verrücktspielen? Sie ständig geplagt werden von einem unangenehmen Schmerz in der Magengegend und Ihnen das Essen einfach nicht gut bekommen will? Eine sehr häufige Diagnose, die dann folgt: Gastritis.

Viele Menschen in Deutschland leiden unter einer Magenschleimhautentzündung, wie die Gastritis auch genannt wird, und wissen zunächst nicht, dass die Ernährung einen entscheidenden Einfluss auf ihre Beschwerden hat. Eine verbreitete erste Therapiemaßnahme ist die Gabe von Tabletten, welche die Säurebildung im Magen senken, dadurch das Sodbrennen lindern und die Magenschleimhaut schützen. Doch ein wichtiger Faktor in der Prävention und Therapie einer Magenschleimhautentzündung ist die passende und individuell abgestimmte Ernährung: Durch die richtige Auswahl an Lebensmitteln und das geeignete Wissen können Sie Ihre Beschwerden deutlich lindern und den Verlauf Ihrer Gastritis positiv beeinflussen.

Mit unserem Ratgeber stehen wir Ihnen dabei Schritt für Schritt zur Seite.

Ihre

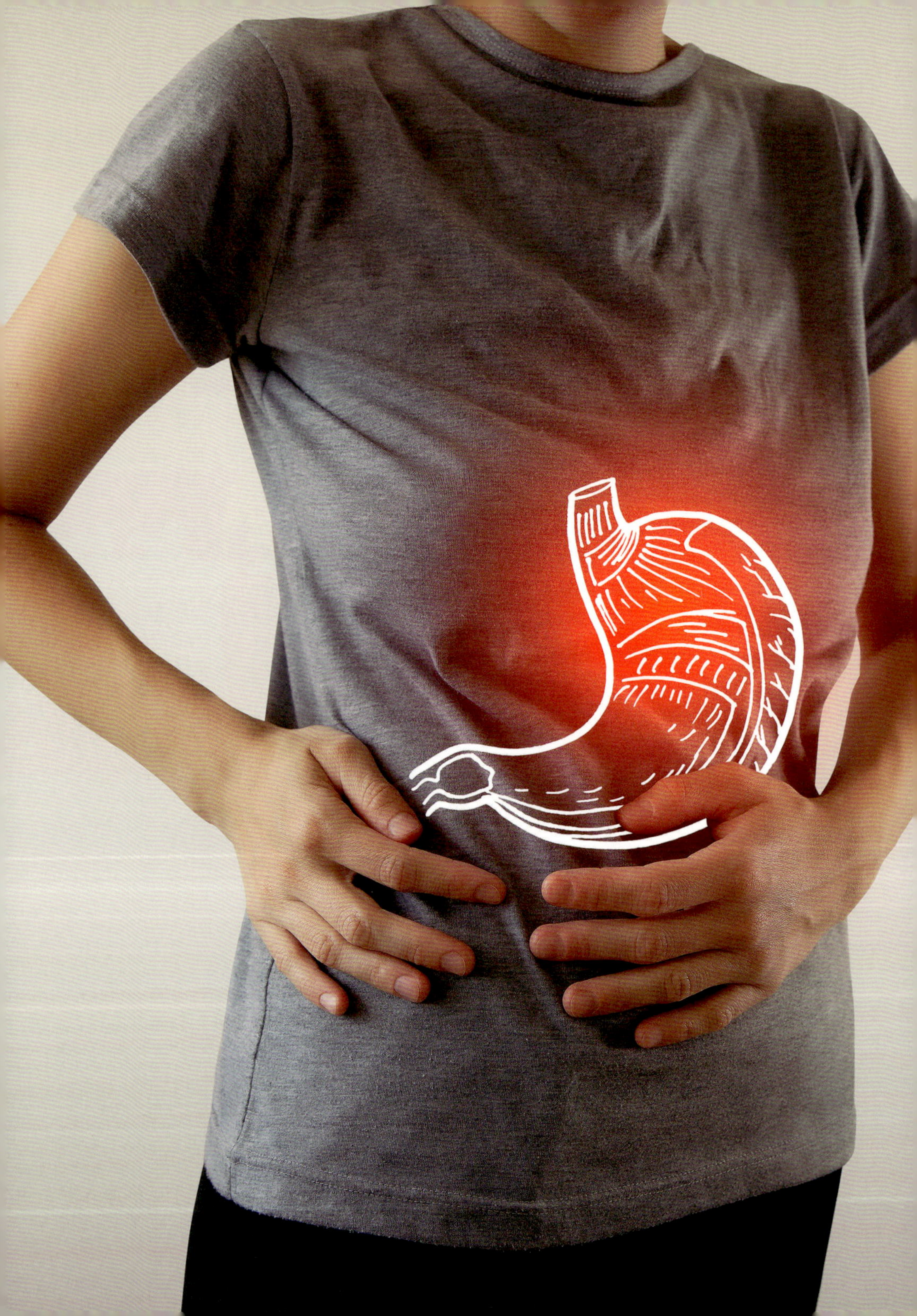

GASTRITIS – WICHTIG ZU WISSEN

Was man unter einer Gastritis versteht, wie sich verschiedene Typen unterscheiden und wie sie behandelt werden, erfahren Sie in diesem Kapitel. Sie erhalten einen Überblick, wie Verdauung und Magen funktionieren und was es für Therapieoptionen gibt. Informationen über geeignete Lebensmittel, Zubereitungsformen und Alternativen bei Gastritis runden mitsamt Tipps zu Ernährung und Alltag das Kapitel ab.

Was ist eine Gastritis?

Eine Gastritis, auch Magenschleimhautentzündung genannt, ist eine Entzündung der Schleimhaut im Magen. Der Magen ist ein wichtiges Organ für die Speicherung des Nahrungsbreis, bevor er in kleinen Portionen in den Dünndarm abgegeben wird. Im Magen wird unser aufgenommenes Essen vermengt, zerkleinert und mit saurem Magensaft und Enzymen vermischt. Sie spalten die Nahrungsbestandteile zur besseren Weiterverwertung auf.

Unser Magen ist eingebunden in ein System von Organen, die alle verschiedene Aufgaben erfüllen, damit die Verdauung gut funktioniert.

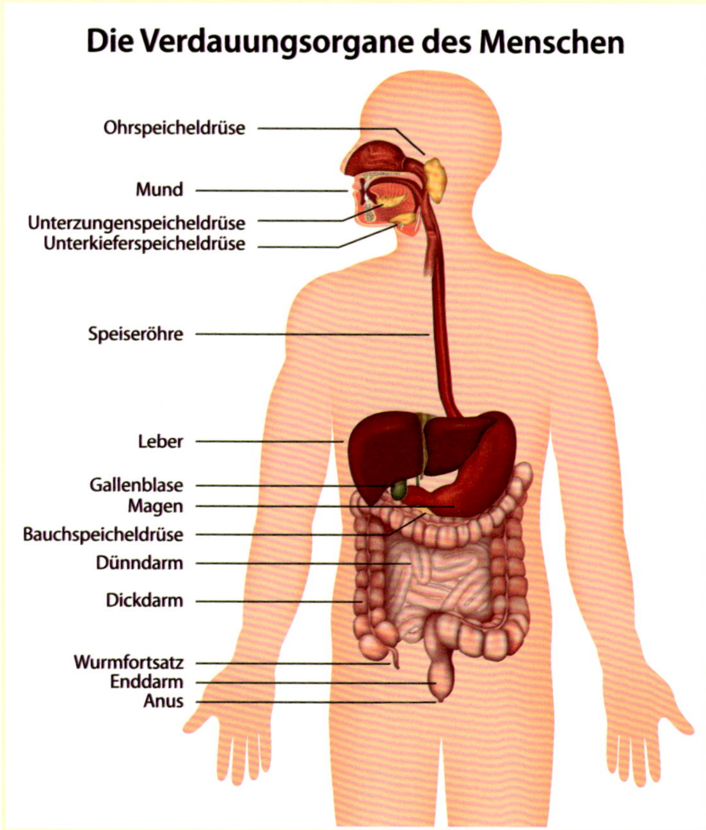

Natürlich hat unser Körper vorgesorgt, um uns vor dem sauren Magensaft zu schützen. Damit der Magen nicht selbst von dieser Säure angegriffen wird, produzieren feine Drüsen in der Magenschleimhaut einen zähflüssigen Schleim. Dieser Schleim kleidet den Magen aus, sodass er selbst vor der Säure geschützt ist.

Verschiedene Faktoren können dieses ausgeklügelte System allerdings zum Kippen bringen und dazu führen, dass zu viel Magensäure produziert wird. Durch dieses Ungleichgewicht kann letztlich doch die Magenschleimhaut von der Säure angegriffen werden. Infolgedessen entzündet sich die Magenschleimhaut, und man spricht von einer Magenschleimhautentzündung bzw. Gastritis.

Eine Gastritis (Magenschleimhautentzündung) entsteht durch ein Ungleichgewicht zwischen Magensäuren und dem schützenden Magenschleim.

Wie funktioniert unsere Verdauung?

Unser Magen agiert jedoch nicht allein in unserem Körper. Er ist eingebunden in ein komplexes System von Organen, die alle verschiedene Aufgaben erfüllen müssen, damit die Verdauung gut funktioniert. Zum Verdauungstrakt gehören alle Organe, die an der Verdauung unserer Nahrung beteiligt sind und durch die sie durch den Körper geschleust wird. Im Einzelnen sind das:

- Mund
- Rachen
- Speiseröhre
- Magen
- Zwölffingerdarm
- Dünndarm
- Dickdarm
- Mastdarm
- After

Auch die Drüsen, die Verdauungssäfte produzieren, gehören im weiteren Sinne zu den Verdauungsorganen:

- Speicheldrüse
- Bauchspeicheldrüse
- Leber
- Galle

Die Nahrung wird mit Muskelbewegungen transportiert. Während des Transports wird der Speisebrei mit verschiedenen verdauungsfördernden Flüssigkeiten versetzt.

Gut gekaut ist halb verdaut! Um Ihren Magen zu entlasten, sollten Sie immer gut kauen.

Im **Mund** startet die Verdauung. Durch die Zähne wird das Essen zerkleinert, und der Speichel bereitet die Nahrung für den Weitertransport in die Speiseröhre vor. Im Speichel steckt unter anderem ein Enzym, das Kohlenhydrate, z. B. aus Brot, vorspaltet. Durch das Kauen wird auch der Magensaft vorbereitet.

Der **Magen** bildet täglich ca. anderthalb bis drei Liter Magensaft. Er tötet z. B. Bakterien ab und macht Eiweiß besser verdaubar. Im Magen wird auch ein wichtiges Glykoprotein für die Vitamin-B12-Aufnahme produziert. Das Vitamin ist lebensnotwendig und unter anderem für die Blutbildung und Zellteilung zuständig.

Die Verweildauer von Speisen im Magen

Interessant ist die Verweildauer von verschiedenen Speisen im Magen. Wussten Sie, dass z. B. ein Schweinebraten bis zu sieben Stunden im Magen verweilt? Eier und Reis sind z. B. schon nach ca. zwei Stunden Richtung Zwölffingerdarm unterwegs.

Der Magen kann gefüllt ca. 1,5 Liter aufnehmen. Die Belegzellen im Magen produzieren den sauren Magensaft. Der Magen hat, auch im nüchternen Zustand, einen pH-Wert von 1,5 bis 2,0. Das saure Milieu sorgt für die Freisetzung und Aktivierung von Enzymen, die vor allem für die Eiweißspaltung im weiteren Verdauungs- ▶▶

prozess verantwortlich sind. Des Weiteren werden durch die „saure Dusche" Keime und Bakterien reduziert.

Wichtig ist gutes Kauen der Speisen. Sie kennen das Sprichwort „Gut gekaut ist halb verdaut" – die Weitergabe des Speisebreis vom Magen in den Dünndarm erfolgt erst, wenn der Speisebrei sehr fein und gut durchsäuert ist. Fettreiche Mahlzeiten jedoch machen durch ihr massives Fettgerüst dem Magen und der Säure viel Arbeit. Deshalb verweilen die fettreichen Speisen am längsten im Magen. Im Fall von Magenentzündungen oder auch Sodbrennen ist aber ein zügiger Durchgang der Speisen vom Magen in den Zwölffingerdarm wünschenswert, denn der Magen soll ja geschont werden.

Deshalb sind Lebensmittel wie z. B. magerer pochierter Fisch, Rührei, Geflügel und Rinderhackfleisch ideal für einen schnellen „Durchmarsch". Salzkartoffeln, Reis und Mischbrot haben ebenfalls eine kurze Verweildauer im Magen. Gekochtes Gemüse wie etwa Spinat, Karotten, Zucchini, Kürbis und Fenchel sind in der Regel besser als beispielsweise Hülsenfrüchte.

Im **Dünndarm** wird der in Mund und Magen vorbereitete Speisebrei mithilfe von Enzymen zerlegt. Hier wird z. B. der Fruchtzucker mithilfe eines Transporters ins Blut befördert und der Milchzucker (Laktose) durch das Enzym Laktase gespalten. Wenn die verschiedenen Transporter und Enzyme nicht ausreichend vorhanden sind, gibt es in weiteren Darmabschnitten Verdauungsprobleme. Auch die Fettverdauung findet primär im oberen Bereich des Dünndarms statt. Die Gallenflüssigkeit fließt hier zum Speisebrei und kann somit das vorhandene Fett für weitere Verdauungsprozesse vorbereiten. Die Bauchspeicheldrüse schüttet die Verdauungsenzyme für Kohlenhydrate, Fett und Eiweiß in den ersten Dünndarmabschnitt (Zwölffingerdarm) aus. Ein großer Teil an Mikronährstoffen (Vitamine, Mineralstoffe, Spurenelemente) werden vom Dünndarm in die Blutbahn aufgenommen.

Im **Dickdarm** wird der Speisebrei eingedickt. Dem Speisebrei wird vorwiegend Wasser entzogen und Mineralstoffe aufgenommen. Übrig bleiben die Ballaststoffe. Sie „pflegen" den Dickdarm und sorgen für eine gute Flora. Lösliche Ballaststoffe wie z. B. Beta-Glukane aus Haferflocken sorgen für eine weiche Konsistenz und füttern die guten Darmbakterien. Die unlöslichen Ballaststoffe fegen und putzen den Dickdarm durch. Am Schluss sollte ein zufriedenstellendes und vor allem regelmäßiges Ergebnis in der Toilette übrig bleiben.

Wie Sie Ihrer Verdauung auf die Sprünge helfen

Essen Sie regelmäßig und in Ruhe. Verzehren Sie lieber kleine Mahlzeiten und diese mit Eiweiß, z. B. etwas fettarmem Quark oder Joghurt mit geeigneten Früchten.

Füllen Sie Ihren Magen mit **gut verdaulichen Ballaststoffen** wie z. B. feinen Haferflocken oder fein geschrotetem Vollkorngebäck. Des Weiteren sollten die Speisen **fettarm und eiweißreich sein.**

Meiden Sie große Portionen Zucker in Form von Süßigkeiten – hier sind auch Frucht-Smoothies gemeint. Mit ihnen wird der Dünndarm mit einer großen Menge Zucker überladen.

Um den Magen-Darm-Trakt ganz allgemein zu schonen, reduzieren Sie auch fettige, saure und scharfe Speisen stark – lieber dämpfen und leicht braten!

Für eine gute Verdauung benötigen Sie mindestens zwei Liter Flüssigkeit pro Tag. Meiden Sie kohlensäurehaltige Getränke, Kaffee, Fruchtsäfte und Früchtetees, sondern trinken Sie vorwiegend Kamillen-, Fenchel-, Salbei-, Löwenzahn- oder Schafgarbentee.

Eine Magenschleimhautentzündung kann in unterschiedlichen Verläufen auftreten: akut und chronisch.

Formen der Gastritis

Eine Magenschleimhautentzündung kann in unterschiedlichen Verläufen auftreten. Dabei unterscheidet man zwischen einer akuten Gastritis und einer chronischen Gastritis, wobei ein akuter Verlauf auch in einen chronischen übergehen kann.

Im Folgenden sehen wir uns die unterschiedlichen Verläufe und Auslöser genauer an. Denn diese Unterscheidung ist in der weiteren Therapie wichtig, um den richtigen Ansatz zu wählen, die Beschwerden der Krankheit zu mildern.

Akute Gastritis

Die Auslöser für eine akute Gastritis können vielfältig sein. Zu ihnen gehören folgende Faktoren:

- akute Infektionen mit Bakterien, Viren oder Schimmelpilzen
- Lebensmittelvergiftungen
- Einnahme von Medikamenten wie Acetylsalicylsäure, Diclofenac, Ibuprofen, Rheumamedikamente, Kortison
- lokale Verätzungen des Magens durch Lauge oder Säure
- Strahlentherapie
- Nikotin, Kaffee, Alkohol und scharfes Essen
- körperlicher Stress durch schwere Unfälle oder Operationen
- andauernde psychische Belastungen und Stress
- Angstzustände und Depressionen

Die Beschwerden einer akuten Gastritis können vielfältig sein und von keinen bzw. leichten bis hin zu starken Beschwerden mit Komplikationen verlaufen. Häufig klagen Betroffene über Bauchschmerzen, Erbrechen, Übelkeit oder Reflux (Rückfluss von Magensaft in die Speiseröhre). In milderen Fällen können kleine punktartige Blutungen entstehen, wobei der Blutverlust nur über ein Labor bestimmbar ist. In schwereren Fällen mit ausgeprägten Blutungen kann es zu starkem Erbrechen, Blutarmut und auch verfärbten Teerstühlen kommen. Eine akute Gastritis kann im Verlauf auch in eine chronische Form übergehen.

> Hinter einer akuten Gastritis können ein einziger oder in Kombination mehrere Auslöser stecken.

Chronische Gastritis

Bei der chronischen Gastritis zeigen sich meist nur leichte Beschwerden wie Bauchschmerzen, leichtes Unwohlsein oder Erbrechen. Aufgrund der nur leicht ausgeprägten, häufig unauffälligen Symptome ist die chronische Gastritis in vielen Fällen nur ein Zufallsbefund. Es werden anhand des Auslösers hauptsächlich drei Formen der chronischen Gastritis unterschieden: Gastritis Typ A, B und C.

Gastritis Typ A – Auslöser Autoimmunerkrankung Dieser Typ ist mit ca. fünf Prozent der seltenste Auslöser einer Gastritis. Die Entstehung ist bei dieser Form noch nicht abschließend geklärt, vermutet wird ein Fehler in der Immunabwehr. Das Abwehrsystem bildet dabei Abwehrstoffe gegen den eigenen Magen, speziell gegen die Magenzellen, sogenannte Belegzellen, welche die Magensäure produzieren. Bei diesem körpereigenen Angriff entsteht eine Entzündung der Magenschleimhaut. Dabei wird immer weniger Magensekret entwickelt, was dem Magen dauerhaft schadet.

Zudem produzieren die Belegzellen im Magen neben der Magensäure den „Intrinsic Factor“. Dieser ist notwendig, damit wir Vitamin B12 im Darm aufnehmen können. Bei dieser Form der Gastritis kann dadurch begleitend ein Vitamin-B12-Mangel vorliegen, aus dem eine spezielle Form der Blutarmut (perniziöse Anämie) entstehen kann. Dieser mögliche Mangel sollte medizinisch über eine Blutentnahme ausgeschlossen werden.

> Der häufigste Auslöser einer chronischen Gastritis ist eine Infektion mit Bakterien.

Gastritis Typ B – Auslöser Bakterien Der häufigste Auslöser einer chronischen Magenschleimhautentzündung ist eine Infektion mit Bakterien. In 70 bis 90 Prozent der Fälle handelt es sich um das Bakterium Helicobacter pylori, kein seltenes Bakterium im menschlichen Organismus. Es gelangt oral in den Magen, durchdringt die Schleimschicht und haftet sich in der Magenschleimhaut an die schleimproduzierenden Zellen an. Grundsätzlich trägt etwa jeder zweite Deutsche dieses Bakterium unwissentlich in sich.

Den meisten Menschen beschert das Bakterium keine Unannehmlichkeiten, doch bei einer geringeren Anzahl der Betroffenen kommt es zu chronischen Entzündungen der Magenschleimhaut, die gelegentlich zu schwereren Erkrankungen führen können wie Magen- oder Zwölffingerdarmgeschwüre oder auch Magenkrebs.

Gastritis Typ C – Auslöser magenreizende Medikamente Die Form der chemisch-toxischen Gastritis macht etwa 30 Prozent aus. Die Magenschleimhautentzündung wird dabei durch bestimmte Medikamente ausgelöst, die durch ihre chemischen Eigenschaften die Produktion der Magensäure stimulieren. Dazu zählen bestimmte Schmerzmittel und Antirheumatika. Lesen Sie daher immer die Packungsbeilage und klären Sie die Einnahme von Medikamenten wie Ibuprofen, Diclofenac oder Acetylsalicylsäure mit Ihrem Arzt ab. Sollte das Medikament möglicher Auslöser der Beschwerden sein, sollten alternative Medikamente mit gleicher Wirkung in Betracht gezogen werden, wenn dies medizinisch möglich ist.

Ebenso können auch der Rückfluss von Gallensaft aus dem Zwölffingerdarm (Gallereflux), wie er nach Operationen vorkommen kann, Alkohol oder Säuren und Laugen zu einer Gastritis Typ C führen.

Weitere Formen Eine weit seltenere Form ist eine sogenannte Riesenfaltengastritis, die Ménétrier-Gastritis. Diese seltene Magenerkrankung zeigt sich, wie der Name sagt, in einer Vergrößerung der Schleimhautfalten des Magens. Die genauen Ursachen sind allerdings noch ungeklärt. Auch kann eine Magenschleimhautentzündung mit einem Morbus Crohn, einer chronisch-entzündlichen Darmerkrankung, einhergehen, ebenfalls eine eher seltene Ursache.

Therapie bei Gastritis

Der Fokus bei einer Therapie einer Magenschleimhautentzündung liegt immer auf dem auslösenden Faktor:

- Bei einer bakteriell verursachten Gastritis (Typ B) und dem nachgewiesenen Vorliegen eines Helicobacter pylori wird sie je nach Abwägung des behandelnden Arztes häufig medikamentös angegangen.
- Ist eine Gastritis aufgrund einer Autoimmunerkrankung diagnostiziert (Typ A), so liegt der Schwerpunkt auf der Beseitigung der Entzündung sowie die Therapie von einem möglichen Vitamin-B12-Mangel.
- Werden die Beschwerden durch Medikamente ausgelöst (Typ C), sollte mit dem behandelnden Arzt über alternative Präparate gesprochen werden, die das aktuelle Medikament ersetzen können.
- So verhält es sich auch bei Auslösern der akuten Gastritis. In einem ausführlichen Anamnesegespräch sollten mit dem behandelnden Arzt oder dem Ernährungstherapeuten mögliche Auslöser und Ursachen für die Beschwerden gefunden und strukturiert angegangen werden. Spielen Stress, Nikotin oder Alkohol eine Rolle, sollten Wege gefunden werden, Stressursachen zu reduzieren und Lebensgewohnheiten zu ändern.

In einem Anamnesegespräch klären Sie mit Ihrem Arzt oder Ernährungstherapeuten mögliche Auslöser und Ursachen für Ihre Beschwerden.

Jährlich Laborwerte testen lassen

Fragen Sie Ihren Hausarzt nach einem Labortest. In der Praxis sehen wir bei Menschen mit Gastritis oft einen Mangel an Mikronährstoffen. Deshalb sollten Sie mindestens einmal im Jahr **zusätzlich** folgende Laborparameter kontrollieren lassen:

- Holotranscobalamin (aktives Vitamin B12)
- Vitamin D
- Ferritin

Die Therapie zielt also immer auf den Auslöser ab. Was allerdings bei allen Formen hilft, um Beschwerden zu lindern, ist eine gezielte Ernährungstherapie.

Ernährungstherapie

Eine der wichtigsten und nachhaltigsten Therapieformen ist der positive Einfluss über die richtige Ernährung auf die Magenschleimhautentzündung. Heute gibt es unzählige Diäten und Ernährungsformen, von denen die Schonkost bzw. leichte Vollkost auch bei Gastritis Orientierung bieten kann.

Die angepasste Vollkost

Die leichte Vollkost, früher auch unter dem Namen Schonkost bekannt, wird heute angepasste Vollkost genannt. Das Besondere an der angepassten Vollkost ist der Verzicht bzw. das individuelle Austesten von Lebensmittel und Speisen, die schwerer verdaulich sind und zu Druck- und Völlegefühl, aber auch zu Blähungen und Durchfall usw. führen können. Dadurch soll ein bereits gereizter oder erkrankter Organismus entlastet werden. Die leichte Vollkost deckt den individuellen Bedarf an Energie und versorgt den Organismus ausreichend mit Nährstoffen.

Der Vorteil der angepassten Vollkost ist, dass eine derartige Ernährung auch reich an lebensnotwendigen Vitaminen und Mineralstoffen ist. Es werden Lebensmittel gemieden bzw. individuell getestet, auf die viele Menschen mit Blähungen, Völlegefühl und Aufstoßen reagieren, z. B. Hülsenfrüchte, diverse Kohlsorten, Sauerkraut, Paprikagemüse, Zwiebeln, Mayonnaise, frittierte, geräucherte, fettige oder zu stark gewürzte Speisen, Kohlgemüse, Bohnen, frisches Hefegebäck und rohes Steinobst. Individuell können weitere dazukommen.

Das Essen sollte nur leicht, am besten mit Kräutern, gewürzt sein. Statt gebratener oder gerösteter Speisen werden gedünstete oder in Folie gegarte Speisen bevorzugt. Die Kost sollte weder zu heiß noch zu kalt verzehrt werden. Alkoholische oder kohlensäurehaltige Getränke sind ebenfalls nicht ideal.

Die angepasste Vollkost im Überblick:

- schonend gegarte Lebensmittel, vor allem weiche Lebensmittel – wenig Rohkost
- fettarme bzw. fettreduzierte Kost – abhängig von der individuellen Verträglichkeit
- mehrere kleine Mahlzeiten über den Tag verteilt
- regelmäßiges Essen, die Speisen mit angepasster Temperatur – nicht zu heiß oder zu kalt
- bevorzugt gewürzt mit frischen Kräutern, wenig Pfeffer oder reizenden, scharfen Gewürzen
- Einsatz von hochwertigen Eiweißlieferanten
- moderates Maß an Ballaststoffen (je nach Verträglichkeit)
- kein Alkohol, wenig Zucker, Kaffee nur bei Verträglichkeit

Die angepasste Vollkost kann als Basisernährung bei unspezifischen Magen-Darm-Erkrankungen angewendet werden, ist aber auch bei Gastritis, Pankreatitis oder chronisch-entzündlichen Darmerkrankungen zu empfehlen. Übrigens: Snacks und Süßigkeiten sind in der angepassten Vollkost nicht verboten, sondern dürfen ab und zu durchaus gegessen werden, wenn es bei „ab und zu“ bleibt: Sie sollten die Ausnahme bleiben, nicht in Mengen und am besten nach den Mahlzeiten verspeist werden.

Geeignete Lebensmittel bei Gastritis

In der folgenden Tabelle sehen Sie eine grundlegend schonende Auswahl an Lebensmitteln. Die Aufzählung dient als Orientierung, welche Lebensmittel tendenziell besser verträglich sind und welche auffällig häufig zu Beschwerden führen und in der Regel schlechter verträglich sind. Dennoch ist die jeweilige individuelle Verträglichkeit entscheidend.

Kleine, schonend gegarte Mahlzeiten wie Suppen sind besonders verträglich.

Versuchen Sie sich überwiegend aus der linken Spalte der gut verträglichen Lebensmittel zu ernähren. Dennoch sollten Sie besonders auf deren individuelle Verträglichkeit achten. Auch in der linken Spalte können Nahrungsmittel dabei sein, die bei Ihnen zu Unverträglichkeiten führen. Die Liste soll lediglich eine Tendenz und Orientierung für Sie bieten.

LEBENSMITTEL	GUT VERTRÄGLICH	SCHLECHT VERTRÄGLICH
Brot und Gebäck	• fein vermahlene Vollkornprodukte, abgelagertes Bauernbrot/Mischbrot, Knäckebrot	• grobes Vollkornbrot, frisches Brot, Brot/Brötchen mit ganzen Körnern, Blätterteig • bei Zwieback die Zutatenliste beachten: Invertzucker oder Honig sollten nicht enthalten sein
Getreide und Pseudogetreide	• feine Haferflocken, Dinkelflocken, ungesüßte Fertigmüslis ohne Nüsse, weich gekochter Couscous, Bulgur, Hirse, Quinoa, Reis, Amaranth	• Frischkornbrei, ganze Getreidekörner, Fertigmüslis mit Zucker und Nüssen
Kartoffeln und Kartoffelprodukte	• Kartoffeln ohne Schale, Kartoffelbrei, Schupfnudeln, Gnocchi, Klöße	• Pommes, Bratkartoffeln mit viel Fett und Speck
Gemüse und Salat	• Blattsalate, Gurken, junge, leicht verdauliche Sorten wie Zucchini, junger Kohlrabi, Karotten, Brokkoli, Pastinaken, Kürbis, Rote Bete, Sellerie, Spinat, feine grüne Erbsen, Fenchel, Spargel	• schwer verdauliche Sorten wie Kohlgemüse, Zwiebeln, Lauch, Paprika, Hülsenfrüchte, Pilze, frische Tomaten, tiefgekühltes Gemüse mit Zusätzen wie Verdickungsmitteln, Gemüseprodukte mit Zusätzen

LEBENSMITTEL	GUT VERTRÄGLICH	SCHLECHT VERTRÄGLICH
Obst	• reife, säurearme Obstsorten wie Bananen, Äpfel, Birnen, Pfirsiche, Nektarinen, Trauben ohne Kerne, Honigmelonen, Heidelbeeren, Aprikosen, Erdbeeren • Obstmark aus dem Glas oder selbst eingekochtes Obst	• säurereiche Sorten wie Kiwis, Zitrusfrüchte wie Zitronen, Mandarinen, Grapefruits; Johannisbeeren, Himbeeren, Ananas • Trockenobst, gezuckerte Obstkonserven, Obstmus
Nüsse, Kerne und Samen	• fein vermahlene Nüsse und Samen wie gemahlene Mandeln oder Haselnüsse • Nussmus, Mandelmehl, Leinmehl oder ähnliche alternative Mehle nur in kleinen Mengen	• ganze Nüsse und Samen
Süßes und Süßigkeiten	• Zucker und Zuckeralternativen wie Honig, Agavendicksaft, Kokosblütenzucker, Sirup • Snacks aus der Babyabteilung, Reiswaffeln, Maiswaffeln, fein vermahlene Vollkornkekse, selbst gebackene fettarme Kuchen und Süßspeisen	• Zuckeraustauschstoffe wie Sorbit, Xylit, Mannit (in Kaugummis oder zuckerreduzierten Produkten) • Schokolade, Chips, Gummibärchen, fettreiche Kuchen und Torten
Fleisch und Fisch	• fettarme Fleischsorten wie Putenbrust, Hähnchenbrust, mageres Rind- und Kalbsfleisch, Wildfleisch • magere Wurstsorten wie Bierschinken, gekochter Schinken ohne Fettrand, Corned Beef, magerer Bratenaufschnitt • alle Fischsorten, schonend zubereitet	• fettreiches Fleisch wie Schweinenacken oder Haxe • gepökelte, geräucherte oder fettreiche Fleisch- und Wurstwaren wie Kassler, Schinken, Lachsschinken, Salami, Leberwurst, Mettwurst, Leberkäse • panierter Fisch oder Fischzubereitungen mit viel Fett

▶▶

LEBENSMITTEL	GUT VERTRÄGLICH	SCHLECHT VERTRÄGLICH
Milchprodukte	• Milch 1,5 %, Naturjoghurt 1,5 % Fett, Magerquark, fettarmer Frischkäse 20 %, Limburger, Harzer Rolle, geringe Mengen Käse mit bis zu 45 % Fett	• fettreiche Milchprodukte wie griechischer Joghurt • fettreiche Käsesorten wie Frischkäse 60 %, Camembert oder Brie 60 %, große Mengen fettreicher Käse
Fette	• Hochwertige, pflanzliche Öle wie Olivenöl, Rapsöl, Leinöl, Walnussöl • geringe Mengen Butter	• große Mengen an Ölen • Schweineschmalz, gehärtete Fette
Gewürze	• Salz, weißer Pfeffer, frische und getrocknete Kräuter, Gemüsebrühe ohne Zusätze	• schwarzer und roter Pfeffer in größeren Mengen, Chili, Curry, • scharfer Senf, Paprika, Knoblauch- oder Zwiebelpulver, Meerrettich • fertige Gewürzmischungen, Soßenpackungen, Fertigsoßen
Getränke	• stilles Mineralwasser, Saftschorlen im Mischverhältnis 1:3 aus geeigneten Obstsorten wie Apfel oder Birne • Kräutertees vor allem Anis-, Kamillen-, Fenchel-, Pfefferminztee • geringe Mengen säurearmer Getreidekaffee	• kohlensäurehaltiges Mineralwasser, Softdrinks wie Cola, Fanta, Sprite oder Spezi, säurereiche Saftschorlen wie Orangensaft, Tomatensaft, Sauerkrautsaft • säurereicher Bohnenkaffee • Alkohol
Soßen, Suppen	• fettarme Suppen, fettarme Bouillon, fettarme Soßen wie Gemüsesoßen oder dünne Cremesoßen	• fettreiche Suppen und Soßen, Mayonnaise
Sonstiges	• Tofu, Eier	• Fertiggerichte und Fast Food, Sojasoße

Brot und Gebäck

Verzehren Sie das Brot nie frisch vom Bäcker, lassen Sie es am besten über Nacht ablagern. Dadurch werden die Backwaren besser verträglich, als wenn sie frisch verzehrt werden. Achten Sie vor allem auch auf fein vermahlene Brote und meiden Sie ganze Körner.

Besonders gut bekömmlich ist ein Mischbrot aus Sauerteig mit einem Kümmelanteil aus einem handwerklich traditionell geführten Betrieb, das Sie erst am nächsten Tag essen. Handwerkliche Betriebe arbeiten in der Regel mit traditionellen Zutaten und achten auf eine lange Teigführung, das heißt, dem Teig wird für die Gärung mehr Zeit gelassen. Dadurch wird das Brot besser bekömmlich als Massenware von Discountbäckern.

Handwerkliche Betriebe arbeiten in der Regel mit traditionellen Zutaten und achten auf eine lange Teigführung. Traditionsbäcker bieten mittlerweile auch sogenannte 24-Stunden-Brote an!

Getreide und Pseudogetreide

Achten Sie bei der Auswahl von Getreide und Pseudogetreide auf Ihre individuelle Verträglichkeit. Dabei ist Weizen immer wieder im Gespräch. Die meisten Menschen vertragen ihn allerdings gut. Testen Sie ganz individuell, welche Getreidesorten für Sie bekömmlich sind. Dabei können Roggen, Dinkel oder auch alte Getreidesorten wie Kamut, Emmer oder Einkorn eine gut verträgliche Alternative sein.

Meist sind fein vermahlene Mehle etwas leichter bekömmlich als Vollkornmehle. Kochen Sie Getreide, wenn Sie ganze Körner zubereiten, immer ausreichend durch, das erhöht ebenfalls die Verträglichkeit: Durch das lange Kochen werden die Inhaltsstoffe leichter zugänglich für unsere Verdauung.

Kartoffeln und Kartoffelprodukte

Bevorzugen Sie Kartoffeln ohne Schale. Vor allem in der Schale befinden sich Glykoalkaloide, vornehmlich Solanin. Solanin findet sich in den Keimstellen, also den „Augen“, und in grünen Stellen an Kartoffeln, die Sie sicher schon einmal beim Schälen entdeckt haben Der Gehalt an Solanin ist immer abhängig von der Sorte, Reifung, Lagerung und Behandlung der Kartoffel. Diese Glykoalkaloide können bei einer hohen Aufnahme zu Erbrechen und Durchfall bis hin zu schwereren Störungen führen, das ist allerdings nur bei enormen Mengen beobachtet worden.

Lagern Sie Kartoffeln möglichst dunkel und kühl bei vier bis sechs Grad.

Der Solaningehalt steigt mit der falschen Lagerung. Lagern Sie deshalb Ihre Kartoffeln möglichst dunkel und kühl bei vier bis sechs Grad. Dafür eignet sich perfekt ein Keller. Im Kühlschrank stimmt zwar die Temperatur, aber das Klima ist zu feucht, so könnte die Kartoffel faulig werden. Sollten sich dennoch grüne Stellen oder auch Keime bilden, schneiden Sie die Stellen großzügig heraus. Alte, überlagerte Kartoffeln sollten Sie besser entsorgen. Sehr gut bekömmlich sind selbst hergestellte Kartoffelklöße, Kartoffelpüree, Gnocchi oder Schupfnudeln.

Wer diese Zeit nicht investieren möchte oder kann, kann auch auf fertige Produkte zurückgreifen. Wenn Sie Fertigprodukte einsetzen, sollten Sie jedoch einen Blick auf die Zutatenliste werfen, damit keine unerwünschten Zusatzstoffe enthalten sind, die Ihren Magen reizen könnten: Leider sind Fertigprodukte häufig mit Konservierungsmitteln, unnötigem Zucker, Feuchthaltemittel und Ähnlichem versehen.

In der Regel enthalten Fertigprodukte aus dem Kühlregal wie beispielsweise Gnocchi weniger Zusätze als Trockenprodukte. Meiden Sie bei der Auswahl frittierte Speisen wie Pommes, fertige Kartoffelecken oder auch jegliche frittierten Teigtaschen. Auch wenn Sie Pommes oder Kartoffelecken im Ofen zubereiten, wurden die Produkte aus der Tüte bereits vorfrittiert. Dadurch enthalten Sie einiges an Fett und sind sehr schwer bekömmlich. Ein Blick auf die Verpackung verrät Ihnen, ob das Produkt bereits vorfrittiert wurde.

Gemüse und Salat

Verzehren Sie Gemüse überwiegend in gegarter Form, mit der Ausnahme von Salat und Gurken. Beim Garen werden die Zellstrukturen von Gemüse aufgebrochen, dadurch wird unseren Verdauungsorganen ein wesentlicher Schritt abgenommen.

> Verzehren Sie Gemüse überwiegend in gegarter Form, mit der Ausnahme von Salat und Gurken.

Innerhalb der unterschiedlichen Gemüsesorten unterscheidet sich die Verträglichkeit nach den Inhaltsstoffen. Umso ballaststoffhaltiger eine Gemüsesorte ist, desto schwerer verträglich ist sie für den Körper. Dazu zählen beispielsweise schwer verdauliche Sorten wie Kohlgemüse, Zwiebeln, Lauch, Paprika, Hülsenfrüchte, Pilze und frische Tomaten. Dabei sollten Sie allerdings wieder auf eine individuelle Verträglichkeit achten. Denn wenn häufig ballaststoffreiches Gemüse gegessen wird, kann es auch besser vertragen werden. Der Körper gewöhnt sich Schritt für Schritt an die Verdauung dieser Lebensmittel. Wenn Sie auf tiefgekühltes Gemüse zurückgreifen, gilt auch hier: Achtung bei Zusätzen wie Verdickungsmitteln, scharfen Gewürzen oder sonstigen unerwünschten Zusätzen.

Halten Sie sich verstärkt zu Beginn einer magenschonenden Kost an junge, leicht verdauliche Sorten wie Zucchini, junger Kohlrabi, Karotten, Brokkoli, Kohlrabi, Pastinaken, Kürbis, Rote Bete, Sellerie, Spinat, feine grüne Erbsen, Fenchel, Spargel. Diese können frisch oder tiefgekühlt verwendet werden. Häufig wird tiefgekühltes Gemüse sehr gut vertragen. Auch das Einfrieren spaltet die Zellen im Gemüse auf, sodass es noch leichter verdaulich ist.

Salat und Gurken eignen sich nicht wirklich zum Erhitzen. Sollten Sie Gurken roh schlecht vertragen, entfernen Sie die Schale und gegebenenfalls auch die Kerne im Inneren, dann werden sie verträglicher.

Tiefgefrorene Beeren sollten Bioqualität haben. So stellen Sie sicher, dass möglichst wenig Schadstoffe enthalten sind. Wichtig ist auch, sie vor dem Verzehr zu erhitzen.

Obst

Setzen Sie vor allem säurearme Obstsorten wie in der Tabelle beschrieben ein. Säurereiche Obstsorten reizen Ihren Magen unnötig und könnten die Beschwerden verstärken. Besonders gut verträglich ist eingekochtes Obst. Durch das Einkochen werden die Zellen im Obst aufgespalten, was sie für den Verdauungstrakt zugänglicher macht. Tiefgefrorene Beeren kaufen Sie am besten in Bioqualität. So stellen Sie sicher, dass möglichst wenig Schadstoffe enthalten sind.

Eine gute Alternative ist hier Obstmark. Im Supermarkt finden Sie unter der Bezeichnung „Mark" wie z. B. Apfelmark, Birnenmark usw. eingekochtes Obst, das in den meisten Fällen ohne zusätzlichen Zucker auskommt. Achten Sie beim Einkaufen immer auf die Zutatenliste, ob zugesetzter Zucker enthalten ist, bzw. vermeiden Sie diese Produkte. Obstmus ist in der Regel immer mit Zucker versetzt. Geschmacklich sind beide Produkte gleich einzustufen. Obstmark eignet sich sehr gut für Joghurt oder Quark zum Einrühren, zu Pfannkuchen oder auch pur als Dessert.

Neben Obstmark ist auch tiefgefrorenes Obst wie Erdbeeren oder Heidelbeeren sinnvoll, die Sie in einem Topf aufkochen, pürieren und dann beispielsweise in einen Naturjoghurt geben oder leckere Desserts damit zubereiten können.

Nüsse, Kerne und Samen

Sie sollten aufgrund ihres hohen Ballaststoffgehalts und Fettgehalts nur in geringer Menge und auch fein vermahlener Form gegessen werden. Wenn die Nuss bereits vermahlen ist, kann unser Darmtrakt die Nährstoffe leichter aufnehmen und die Nussbestandteile leichter verdauen, als wenn die Nuss in zu großen Stücken gegessen wird. Auch hier müssen Sie auf Ihre individuelle Verträglichkeit achten. Nüsse, Samen und Kerne enthalten viel Fett, wenn auch gesunde Fette. Fett kann allerdings dazu beitragen, die Säureproduktion im Magen anzuregen. Deswegen empfiehlt es sich, eher eine kleine Menge an Nüssen und Co. einzusetzen. Als Snack zwischendurch – nicht mehr als eine Handvoll täglich – eignen sich Nüsse und Co. allemal. Verzichten Sie jedoch auf geröstete und gesalzene Nüsse, die sich gern beim Fernsehen wie nebenbei verzehren – sie enthalten viele teils ungesunde Fette.

Es empfiehlt sich, eher kleine Menge an Nüssen und Co. zu essen.

Etwas Vorsicht ist bei nussigen Brotaufstrichen geboten: In Nussmusen ist häufig sehr viel Zucker enthalten, und auch der Fettanteil ist nicht zu unterschätzen. Daher gilt auch hier: sparsam einsetzen und immer auf Ihr Bauchgefühl achten! Wenn Sie eine vermehrte Säureproduktion spüren, reduzieren Sie diese Produkte.

Süßes und Süßigkeiten

Zucker ist Zucker. Ob Sie auf Haushaltszucker, Kokosblütenzucker oder Honig zurückgreifen, spielt auf den Magen bezogen erst einmal keine Rolle. Die Industrie hat mittlerweile viele Namen gefunden, um Zucker für den Verbraucher nicht gleich erkenntlich zu machen, ihn also schlicht zu verstecken.

Zucker sollte bei Gastritis allgemein reduziert werden, auch alle Zuckeralternativen. Besonders Abstand sollten Sie von Zuckeraustauschstoffen wie Xylit oder Sorbit nehmen. Diese finden Sie häufig in zuckerfreien Kaugummis oder zuckerreduzierten Riegeln, Joghurtprodukten oder Ähnlichem. Sie könnten die ohnehin bestehenden Beschwerden noch verschlechtern und wirken bei übermäßigem Verzehr abführend, was eine unangenehme Ergänzung zu bereits bestehenden Magenproblemen darstellt.

Zucker, Süßstoffe und Zuckeralkohole

Zu der Kategorie Zucker zählen u. a. Traubenzucker (Glukose/Dextrose), Fruchtzucker (Fruktose) und Haushaltszucker (Saccharose), also der raffinierte Zucker. Neben diesen unterschiedlichen Zuckerarten gibt es auch kalorienfreie bzw. kalorienreduzierte Alternativen:

Süßstoffe werden künstlich hergestellt und verbergen sich hinter Namen wie Saccharin, Aspartam, Acesulfam K, Neohesperidin, Thaumatin, Cyclamat und Stevia. Sie werden häufig in Light-Getränken und Light-Produkten wie kalorienreduzierten Puddings, Joghurts und Ähnlichem eingesetzt. Eine negative Auswirkung auf den Magen ist nicht bekannt. Bezogen auf unseren Darmtrakt konnte in einigen Studien jedoch ein negativer Einfluss auf das Mikrobiom nachgewiesen werden.

Eine weitere Alternative sind **Zuckeralkohole.** Sie werden vor allem bei der Herstellung zuckerfreier Bonbons und Kaugummis eingesetzt, aber auch bei Lebensmitteln der Fitnessindustrie, kalorienreduzierten Süßigkeiten oder als kalorienärmere bzw. freie Variante zu Zucker. Zu finden sind sie auf der Zutatenliste unter Bezeichnungen wie Sorbit (E420), Mannit (E421), Xylit (E967), Maltit (E965), Isomalt (E953), Lactit (E966), Erythrit (E968). Die meisten von ihnen können bei übermäßigem Verzehr abführend wirken und sollten deswegen besser gemieden werden.

Schokolade und Chips: Füllen Sie sich dazu am besten eine Portion ab, statt sich mit der Tüte auf das Sofa zu setzen.

Natürlich ist auch mal etwas Süßes erlaubt, auch wenn Sie sparsam mit dem Zucker sein sollten. Wie so oft spielt die Menge eine große Rolle. Essen Sie Süßigkeiten wie Schokolade oder Chips in geringen Mengen. Denn neben dem Zucker ist auch hier oft sehr viel Fett enthalten, der zusätzlich die Säureproduktion im Magen vorantreibt. Die Menge macht das Gift, wie man so schön sagt. Füllen Sie sich dazu am besten eine Portion ab, statt sich mit der ganzen Tüte auf das Sofa zu setzen, denn bekanntlich verschwindet doch mehr im Mund, als uns lieb ist.

Testen Sie Alternativen wie Reiswaffeln oder auch Alternativen aus der Babyabteilung im Drogeriemarkt. Dort finden Sie häufig einfache, salzarme und gut bekömmliche Süß-Alternativen wie Pops, Kekse oder Cracker.

Fleisch und Fisch

Bevorzugen Sie vor allem fettarme Fleischsorten, denn Fett erhöht den Magendruck und regt die Säureproduktion an. Außerdem enthalten fettreiches Fleisch und Fleischwaren gesättigte Fettsäuren. Diese Fettsäuren wirken entzündungsfördernd im Körper und im Magen. Eine wichtige Rolle spielen auch die Wurstsorten. Selbst wenn sie fettarm sind, sollten sie sehr sparsam eingesetzt werden. Die enthaltenen Zusatzstoffe, vor allem das Nitritpökelsalz, wirken sich ebenfalls negativ auf den Magen aus: Das Salz reizt den Magen.

Bei Fisch können Sie aus allen Sorten wählen. Fettärmere Sorten schonen den Magen etwas mehr, allerdings sind in fettreichen Seefischen wie Hering, Makrele, Thunfisch oder Lachs hochwertige Omega-3-Fettsäuren enthalten, die entzündungshemmende Wirkung haben und deswegen keinesfalls nur wegen ihres Fettes gemieden werden sollen. Verzichten Sie allerdings auf verarbeitete Fischprodukte wie vorpanierte Fischfilets, Fischstäbchen oder fertige Fischsalate mit Zwiebeln, Sahne oder starken Gewürzen. Diese Produkte reizen den Magen und können Entzündungen fördern.

Auch beim Fisch ist die Herkunft bzw. Haltung genau zu prüfen. Wer Wert auf Qualität bei seiner Lebensmittelauswahl legt, sollte keinen Fisch aus umweltbelastenden Aquakulturen verzehren, denn dies ist im Prinzip Massentierhaltung unter Wasser.

Bevorzugen Sie Speisen mit leicht verdaulicher Zubereitung wie gedünsteten Fisch, eine Fischsuppe oder eine Soße mit Fischstücken. Ungeeignet sind gegrillte Fischspeisen oder zu stark angebratener Fisch, der zu viele Röststoffe, also dunkle Stellen beim Anbraten, aufweist.

Vegetarisch essen bei Gastritis – welche Formen gibt es? Ovo-Lakto-Vegetarier essen neben pflanzlichen Produkten zusätzlich Eier und Milchprodukte wie z. B. Käse oder Joghurt. Grundsätzlich spielt es bei der Gastritis keine Rolle, welche Kostform der Betroffene für sich wählt, dennoch sollten Sie anhand der Auswahltabelle die richtigen Quellen für sich finden. Lakto-Vegetarier essen pflanzliche Lebensmittel und Milchprodukte, aber keine Eier.

Leben Vegetarier gesünder? In unserem Praxisalltag stellen wir fest, dass sich bei Menschen mit Gastritis, die viel Fleisch- und Wurstwaren essen und dies dann drastisch reduzieren, die Blutwerte eindrucksvoll verbessern. Fleisch ist dennoch wichtig für uns, denn es enthält viele wertvolle Inhaltsstoffe. Diese Inhaltsstoffe sind durch eine rein vegetarische Ernährung nur mit guten Kenntnissen über Lebensmittel erreichbar. Rindfleisch enthält insbesondere Vitamin B12 (Blutbildung, Aufbau der Zellkerne) und Niacin (Auf- und Abbau von Fetten, Energiestoffwechsel). Schweinefleisch ist ein guter Lieferant für Eisen (Sauerstofftransport im Körper), Zink (Schutz für das Immunsystem) und Selen (Schutz der Zellen). Außerdem ist es reich an hochwertigem Eiweiß. Es spricht also nichts dagegen, gelegentlich Fleisch zu essen – aber bitte in geringen Mengen von 300 bis 600 g pro Woche. Achten Sie auf hochwertiges Fleisch in Bioqualität.

Kann man die Inhaltsstoffe von Fleisch- und Wurstwaren mit anderen Lebensmitteln ersetzen? Im Prinzip kommt es bei einer vegetarischen Kost nicht zu körperlichen Mangelerscheinungen. Es gibt jedoch wichtige Informationen, die man als angehender Vegetarier kennen sollte. Hochwertiges Eiweiß beziehen die meisten

Menschen aus tierischen Produkten. Jedoch genügt auch eine Kombination von tierischem Eiweiß aus Milchprodukten mit pflanzlichem Eiweiß aus z. B. Getreide. Durch diese Zusammenführung in Gerichten erhält unser Körper die nötigen Aminosäuren, um hochwertiges Eiweiß für unsere Körperfunktionen zu produzieren.

Auch Hülsenfrüchte wie Kichererbsen und Kidneybohnen oder auch Nüsse und Pilze sind wichtige hochwertige Eiweißspender. Leider sind diese Lebensmittel bei einer bestehenden Magenentzündung ungünstig. Günstige Lebensmittel sind z. B. Kombinationen aus Eiern und Kartoffeln. Sie haben für unseren Körper sogar eine effektivere Eiweißbereitstellung als Fleisch. Sehr gut lässt sich auch Tofu (siehe unten) in allen Varianten integrieren.

Auch das überwiegend in tierischen Lebensmitteln vorkommende Vitamin B12 kann durch einen regelmäßigen Milchprodukte- und Eierverzehr ausreichend gedeckt werden. In einem Hühnerei stecken schon rund 40 % der täglich empfohlenen Vitamin-B12-Menge. Mit etwas Joghurt und Käse wird die Tagesmenge an Vitamin B12 erreicht. Also ist Fleisch zur Deckung des Tagesbedarfs nicht notwendig. Tipp: Lassen Sie bei wiederkehrenden Magenproblemen Ihren Vitamin-B12-Spiegel (Holotranscobalamin), Vitamin D und Ferritin vom Arzt prüfen.

Den Eisenbedarf ausreichend decken
Der Tagesbedarf an Eisen liegt zwischen 10–15 mg. Das tierische Eisen (Hämeisen, zweiwertig) aus Fleisch- und Wurstprodukten wird zu 20 % absorbiert. Ein Vegetarier verzehrt ausschließlich pflanzliches Eisen (Nicht-Hämeisen, dreiwertig). Durch die Ballaststoffe und Mineralstoffe, die in pflanzlichen Lebensmitteln enthalten sind, wird das Eisen gebunden. Somit werden aus pflanzlichen Lebensmitteln nur ca. 5 % absorbiert. Hier kann man aber mit der Zugabe von Vitamin-C-reichen Speisen wie z. B. Broccoli, Kartoffeln oder auch einem Glas mildem Orangensaft zu den Speisen eine bessere Absorption erreichen.

Sind Fleischersatzprodukte sinnvoll? Als klassisches Fleischersatzprodukt gilt Tofu. Soja bzw. Tofu enthält viel hochwertiges pflanzliches Eiweiß. Tofu ist auch im Küchenalltag gut einsetzbar. Bei Fertigprodukten auf pflanzlicher Basis wie z. B. Sojawürsten und Sojahackfleisch ist Vorsicht geboten, denn sie enthalten meist viele Zusatzstoffe, um den fehlenden Fleischgeschmack zu ersetzen.

Es gibt aber auch Ersatzprodukte auf Basis von z. B. Hülsenfrüchteproteinen. Hier sollte immer ein Blick auf die Zutatenliste folgen, bevor das Produkt in den Einkaufskorb wandert. In der Regel sind diese Produkte magenverträglich – hier gilt natürlich die individuelle Verträglichkeit, probieren Sie es also einfach aus.

Milchprodukte

Bevorzugen Sie hier die fettarmen Alternativen. Denn bei den Milchprodukten verhält es sich ähnlich wie beim Fleisch: Das enthaltene Fett besteht überwiegend aus gesättigten Fettsäuren, und diese Fettsäuren wirken vermehrt entzündungsfördernd. Zudem erhöht das Fett die Säureproduktion im Magen, was vermehrt zu Beschwerden führen kann. Achten Sie deshalb auf fettarme Milchprodukte wie fettarmen Joghurt, Milch, Käse mit niedrigen Fettgehaltsstufen und achten Sie bei der Zubereitung von Soßen darauf, Sahne stark zu verdünnen oder fettärmere Alternativen einzusetzen.

Light-Produkte enthalten sehr häufig eine große Menge Zucker und künstliche Zutaten.

Mit fettarmen Produkten sind allerdings keine Light-Produkte gemeint, wie beispielsweise ein fettarmer Erdbeerjoghurt. Denn diese Joghurtprodukte enthalten sehr häufig eine große Menge Zucker und künstliche Zutaten, und diese Zusatzstoffe können

Milchprodukte – bio oder nicht bio?

Tatsächlich spielt die Fettsäurequalität in Milchprodukten eine Rolle. Studien zeigten: Milchprodukte von grasenden Milchkühen enthielten einen höheren Anteil an Omega-3-Fettsäuren als Milchprodukte, die von konventionell gehaltenen Milchkühen produziert wurden. Es lohnt sich also, bei Milchprodukten auf bio umzusteigen. Auch wenn die Mengen gering sind, zeigten die Studien eine deutlich positivere Verteilung der enthaltenen Fettsäuren in den Milchprodukten.

Besonders geeignet sind dabei Produkte von Verbänden, da deren Qualität weit über die Anforderungen hinausgeht, die an Bioprodukte gestellt werden. Der ursprüngliche Biogedanke ging über die Jahre immer weiter verloren; heute bieten auch Discounter zahlreiche eigene günstige Bioprodukte an, die nur die Mindeststandards einhalten. Um dem entgegenzuwirken bzw. den Gedanken der Nachhaltigkeit konsequent fortzuführen und dauerhaft gleichbleibend hohe Bioqualität zu gewährleisten, schlossen sich Biovermarkter zu Verbänden zusammen. Namenhafte Vertreter sind beispielsweise Demeter, Bioland oder Naturland.

Diese Verbände produzieren unter anderem Milchprodukte unter höchsten Qualitätsanforderungen. Tiere bekommen freien Auslauf und können Gras fressen, was nachweislich eine positive Wirkung auf die Qualität der erzeugten Milchprodukte hat. Dasselbe gilt übrigens auch für Fleisch – wenn Sie also nicht nur Ihr eigenes Wohl, sondern auch das Tierwohl im Blick haben, dann greifen Sie öfter mal zu bio.

sich wieder negativ auf Ihre Beschwerden auswirken. Hier gilt: Einfach und unverarbeitet ist immer besser. Bevorzugen Sie Naturprodukte in ihrer fettarmen Variante. Sie können selbst einen guten Geschmack in Joghurt oder Quark durch Zutaten wie Zimt, Vanillemark, Obstmark, frisches Obst oder tiefgekühltes Obst bringen, das Sie pürieren und unter das Milchprodukt heben.

Fette

Allgemein gilt bei einer gastritisfreundlichen Ernährung: Fett reduzieren. Fette erhöhen den Druck im Magen und fördern die Säuresekretion. Eine stark fettreiche Ernährung kann Ihre Beschwerden also deutlich verschlechtern. Aber dabei darf man nicht alle Fette über einen Kamm scheren. Gesunde Fette aus Ölen wie Olivenöl, Rapsöl, Leinöl oder auch Nüsse sind wichtige Lieferanten für die fettlöslichen Vitamine A, D, E und K sowie Träger von sekundären Pflanzenstoffen.

Diese haben Einfluss auf eine Vielzahl von Stoffwechselprozessen, und es werden ihnen gesundheitsfördernde Wirkungen zugeschrieben: Unter anderem schützen sie möglicherweise vor verschiedenen Krebsarten, helfen bei der Erweiterung der Blutgefäße und senken den Blutdruck. Außerdem haben sie neurologische, entzündungshemmende und antibakterielle Wirkungen.

Fett ist der Geschmacksträger schlechthin. Setzen Sie daher die richtigen Öle bewusst ein.

Und: Wir essen Fette auch wegen des guten Geschmacks. Fett ist der Geschmacksträger schlechthin. Viele Speisen schmecken fettarm nicht wie das Original. Bei Fett gilt: schlechte Fette reduzieren, gute Fette gezielt einsetzen. Setzen Sie beispielsweise die richtigen Öle bewusst in kleinen Mengen ein. Das gilt auch für gesunde Fette aus Nüssen, Kernen und Samen sowie aus fettreichen Seefischen. Diese Fette sind gesund und entzündungshemmend. Hingegen sollten Sie eher ungesündere Fette aus ungeeigneten Ölen wie Sonnenblumenöl, Distelöl und fettreiche Aufstriche, fettreiche Fleisch- und Wurstsorten und fettreichen Käse meiden. Die Balance ist hier der richtige Schlüssel.

Unsere Fette setzen sich aus Fettsäuren zusammen. Dabei unterscheiden wir zwischen gesättigten Fettsäuren und ungesättigten Fettsäuren. Vor allem die mehrfach ungesättigten Omega-3-Fettsäuren wirken sich entzündungshemmend aus. Ihre Vertreter sind die Alpha-Linolensäure (ALA), die Eicosapentaensäure (EPA) und die Docosahexaensäure (DHA). ALA zählt zu den lebensnotwendigen Fettsäuren, das bedeutet, wir müssen sie durch unsere Nahrung aufnehmen, denn wir können sie nicht selbst herstellen. Aber auch EPA und DHA haben große Bedeutung für unsere Gesundheit und werden nur in einem geringen Teil von unserem Körper selbst produziert. Also sollten wir auch hier auf eine regelmäßige Zufuhr achten.

Um diese wichtigen Fettsäuren aufzunehmen, sollten Sie regelmäßig hochwertige Öle wie Leinöl oder Rapsöl, Nüsse wie Walnüsse oder Macadamianüsse und Samen wie Hanf- oder Leinsamen zu sich nehmen. Verwenden Sie beim Braten moderate Mengen raffiniertes Rapsöl und für kalte Speisen natives, also kaltgepresstes Raps- und Olivenöl. Zur geschmacklichen Ergänzung in Ihrem Ölbestand sind Pflanzenöle wie z. B. Walnuss-, Kürbiskern-, und Sesamöl die richtige Wahl. EPA und DHA finden Sie in fettreichen Seefischen wie Hering, Makrele, Sardine oder Lachs, bei veganer Ernährung können Sie sich über Algen mit diesen wichtigen Fettsäuren versorgen.

Gesättigte Fettsäuren, wie wir sie vor allem in tierischen Produkten wie Fleisch oder auch Milchprodukten vorfinden, können in unserem Körper Entzündungen begünstigen. Deswegen sollten Sie sich immer überwiegend mit hochwertigen pflanzlichen Fetten aus Ölen, Samen oder Nüssen und auch fettreichen Seefischen ernähren, um den Anteil an tierischen Fettsäuren niedrig zu halten (mit Ausnahme von Fisch). So erhalten Sie eine gute Balance zwischen den Fettsäuren.

Den Omega-3-Fettsäuren-Index bestimmen

Dieser Index gibt Auskunft über die Versorgung des Körpers mit langkettigen Omega-3-Fettsäuren. Der Index scheint ein Parameter für die Risikoeinschätzung eines plötzlichen Herztods und ein Einflussfaktor auf koronare Herzerkrankungen zu sein. Häufig wird uns ganz pauschal die Einnahme von Fischölkapseln empfohlen. Doch nicht für jede Person sind diese gleichermaßen geeignet. Bei einigen Personengruppen wirken sie entzündungshemmend. Bei anderen Personengruppen, die bereits gut versorgt sind, kann eine Überversorgung gesundheitlich schädlich sein. Bevor Sie entsprechende Supplemente einnehmen, sollten Sie eine Bestimmung der Fettsäuren vornehmen lassen.

Bleibt noch die Frage nach Butter und Margarine. Margarine ist ein stark verarbeitetes Produkt, das industriell hergestellt ist. Die Fettsäuren der Margarine, wenn man sie darauf reduziert, sind meist hochwertiger als die der Butter. In diesem Fall ist es Geschmackssache. Auch Butter kann eingesetzt werden. Weil sie viele ungesunde gesättigte Fettsäuren enthält, sollte sie jedoch nur sehr sparsam eingesetzt werden.

Gewürze

Achten Sie auf gut verträgliche Gewürze. Dazu zählen beispielsweise: Salz in Maßen, weißer Pfeffer, frische und getrocknete Kräuter und Gemüsebrühe ohne Zusätze wie Hefeextrakt oder Geschmacksverstärker. Besonders meiden sollten Sie Fertigwürzsoßen und -pulver. Diese enthalten in der Regel viel Zucker, aber auch reizende Inhaltsstoffe wie Zwiebeln, Chili und in der Regel auch sehr viel Salz.

Alternativ können Sie großzügig Kräuter einsetzen. Sie bringen einen guten Geschmack ins Essen, und einige haben entzündungshemmende Effekte und wirken sich wohltuend auf Ihren

Magen aus. In der folgenden Auflistung finden Sie unterschiedliche Kräuter und Gewürze, denen eine entzündungshemmende Wirkung nachgewiesen werden konnte.

ENTZÜNDUNGSHEMMENDE KRÄUTER UND GEWÜRZE		
Bärlauch	Basilikum	Bohnenkraut
Borretsch	Brunnenkresse	Currykraut
Dill	Gewürznelke	Ingwer
Kardamom	Kerbel	Knoblauch
Kreuzkümmel	Kurkuma	Kümmel
Lorbeer	Meerrettich	Muskatnuss
Oregano	Petersilie	Pfeffer
Pfefferminze	Piment	Rosmarin
Salbei	Thymian	

Diese Gewürze und Kräuter enthalten teilweise ätherische Öle, Vitamin C oder unterschiedliche sekundäre Pflanzenstoffe, die eine entzündungshemmende Wirkung aufweisen. Häufig setzt diese Wirkung allerdings in erst in regelmäßigen und hohen Dosen ein. Setzen Sie diese Gewürze und Kräuter dennoch vermehrt gezielt in Ihrer Ernährung ein und achten Sie auf Ihre individuelle Verträglichkeit vor allem bezüglich Meerrettich, Ingwer, Knoblauch und Pfeffer – die Dosis macht's.

Getränke

Bevorzugen Sie vorrangig Kräutertees. Diese eignen sich warm bzw. heiß, aber auch kalt in der warmen Jahreszeit. Sie wirken beruhigend auf Ihren Magen. Besonders hilfreich ist es, die Tees in regelmäßigen Abständen zu trinken statt eine große Kanne auf einmal. So können die Kräuter und die angenehme Wärme Ihren Magen beruhigen. Viele Kräuter enthalten entzündungshem-

> Kräutertees wirken beruhigend auf den Magen.

mende Wirkungen, allen voran die Kamille, aber auch Fenchel-, Salbei-, Löwenzahn- oder Schafgarbentee sind geeignet.

Dem schwarzen Tee werden ebenfalls entzündungshemmende Wirkungen nachgesagt. Aufgrund seines hohen Gehalts an Koffein sollte er aber nur in Maßen eingesetzt werden. Eine Alternative kann auch Roiboostee oder grüner Tee sein.

Bohnenkaffee regt die Säureproduktion im Magen an und befeuert somit die Symptomatik bei Gastritis und Sodbrennen. Des Weiteren hemmt Koffein den Spanungszustand der Speiseröhre. Somit wird ein Säurerücklauf vom Magen in die Speiseröhre und demzufolge Sodbrennen gefördert. Säurearme bzw. magenschonende Kaffeesorten gibt es im Handel. Hier sollten Sie individuell die Verträglichkeit testen. In der Praxis zeigt sich auch Getreidekaffee als magenschonende Variante. Hier gibt es im Handel verschiedene Mischungen.

Auch stille Mineralwässer oder dünne Saftschorlen mit stillem Mineralwasser eignen sich. Kohlensäure wirkt reizend auf den Magen, daher greifen Sie besser auf stille Mineralwässer zurück. Auch bei Säften sollten Sie einen Blick auf die Sorte werfen: Bevorzugen Sie Säfte aus säurearmen Obstsorten wie beispielsweise Apfel- oder Birnensaft. Säurehaltige Obstsorten wie Orangen oder Grapefruits wirken sich unangenehm auf den Magen aus, denn sie fördern die Säureproduktion.

Alkohol sollten Sie übrigens, wenn überhaupt nur in Maßen genießen. Mehr dazu finden Sie auf Seite 50.

Auf Cola & Co. verzichten

Meiden Sie säurehaltige Getränke wie Cola und sonstige kohlensäurehaltige Mischgetränke. Cola enthält nicht nur viel Zucker und die ungünstig wirkende Kohlensäure, sie ist noch zusätzlich mit Phosphorsäure versetzt, die durch den vielen Zucker verschleiert wird.

Gesunder Darm – gesunder Magen – gutes Immunsystem

Der Darm bildet eine natürliche Barriere gegen schädliche Mikroorganismen. Ein gesundes Mikrobiom, auch Darmflora genannt, sorgt für eine reibungslose Aufnahme von Mikronährstoffen wie Vitaminen, Mineralstoffen und Spurenelementen. Das Mikrobiom besteht bei einem erwachsenen Menschen aus rund tausend Arten von Darmbakterien, die es als schätzungsweise etwa 100 Billionen Bakterien auf ein Gewicht von bis zu zwei Kilogramm bringen können.

Ist die Darmfunktion jedoch gestört, werden die Mikronährstoffe, die wir für eine Immunabwehr in den Köperzellen benötigen, unzureichend aufgenommen. Auch Fett und Protein werden unvollständig in den Köper resorbiert. Somit können wichtige Fett- und Aminosäuren nicht im Köper agieren.

Bei vielen Betroffenen reduzieren sich die Magen- und Darmbeschwerden meist sofort, wenn auch der Stress weniger wird, denn: Es gibt eine klare Interaktion zwischen Gehirn und Darm. In Medizin und Neurowissenschaften spricht man hier von der sogenannten Darm-Hirn-Achse: Darmbakterien und Gehirn stehen im Austausch miteinander. Dieses Feld ist noch wenig erforscht, aber sicher haben auch Sie bereits die Erfahrung gemacht, dass einem „etwas auf den Magen" schlagen kann – und das muss nicht das Essen sein. Die Darmflora ist also nicht nur wichtig für die Verdauung, sondern auch für die Abwehr von Krankheitserregern und die Stärkung des Immunsystems. Studien konnten zeigen, dass die Zusammensetzung des Mikrobioms je nachdem schützende oder krank machende Effekte haben kann – es kommt also durchaus darauf an, was Sie essen.

Auch durch Medikamente wie die oft notwendigen PPI (Protonenpumpenhemmer) zum Magenschutz verändert sich bei vielen Betroffenen die Darmflora. Manche berichten über Blähungen und Durchfälle, aber auch Verstopfung ist keine Seltenheit. Wir zeigen Ihnen, was Sie konkret dagegen tun können.

Führen Sie ein Ernährungstagebuch

Die Empfehlungen für eine gute Verdauung sind Anhaltspunkte für ca. sechs Wochen – bitte verzichten Sie nicht dauerhaft auf die Vielfalt der Lebensmittel! Eine dogmatische Ablehnung bestimmter Lebensmittel ist nicht notwendig.

Es ist sehr wichtig, die weggelassenen Lebensmittel nach einer Phase der Beruhigung wieder auszuprobieren. Dabei hilft ein Ernährungstagebuch, in das Sie die auftauchenden Beschwerden mit den jeweiligen Begleitumständen eintragen. Auch ein sogenanntes Stuhlprotokoll über einen längeren Zeitraum zu führen, ist in diesem Zusammenhang hilfreich – das ist auch für einen Arztbesuch wichtig.

Damit Sie nach und nach die Lebensmittel ermitteln, die Sie gut vertragen, eignet sich ein Ernährungstagebuch. Hier können Sie Ihr Essen sowie Ihre Beschwerden auf einer Skala von 1 bis 5 notieren. Eine 1 entspricht leichten Beschwerden, bei einer 5 sind es sehr starke Beschwerden. Nach der Testphase können Sie dann alle Lebensmittel und ihre Mengen auflisten, die Sie gut vertragen haben. Legen Sie sich dafür eine Tabelle an, die neben dem Tag, der Uhrzeit und dem verzehrten Lebensmittel auch Platz für den Eintrag von Symptomen und Beschwerden lässt. Es gibt mittlerweile auch Apps, die Sie dabei unterstützen.

Ein Ernährungstagebuch hilft Ihnen dabei zu ermitteln, welche Lebensmittel Sie gut vertragen.

Ein Protokoll könnte folgendermaßen aussehen:

TAG/ DATUM	UHRZEIT	ESSEN UND GETRÄNKE	BESCHWERDEN
Montag, 10.5.	7.00 Uhr	Kräutertee Porridge aus Haferflocken, 100 g Heidelbeeren, Milch	
	10.00 Uhr	Banane	
	12.00 Uhr	Mischbrot mit Schinken, Käse und Butter, dazu 100 g gelbe Paprika	2 – Bauchschmerzen
	17.30 Uhr	Nudelpfanne aus Dinkelnudeln, Zucchini, Feta, Kürbis	3 – Bauchschmerzen und Blähungen
Dienstag, 11.5. …	7.00 Uhr …		

Blähungen

Wichtig bei Blähungen ist in erster Linie, langsam zu essen. Legen Sie öfter mal das Besteck zur Seite oder das Brot wieder auf den Teller zurück. Sie müssen nicht während des Essens meditieren, sollten aber das Tempo reduzieren. Beim schnellen Essen verschlucken wir Luft, deshalb nehmen Sie sich etwas Zeit, um die Speisen zu genießen.

Des Weiteren sollten Sie Wasser nur still und in Raumtemperatur trinken, denn die Kohlensäure ist für den Magen nicht gut und sorgt für Blähungen. Die Kohlensäure geht teilweise in den Darm ab. Menschen ohne Magen-Darm-Probleme können spritziges Mineralwasser ohne Probleme trinken. Verzichten Sie auf stark gezuckerte Getränke wie Softgetränke und Säfte. Kräutertees wie Fenchel-Anis-Kümmel sind ideal.

Fleisch und Fisch sollten nicht zu stark angebraten oder gegrillt werden. Eier in kleinen Portionen in Form von Omelett,

Rühr- oder Spiegelei sind wunderbar, gern in Kombination mit Kartoffeln.

Kartoffeln vom Vortag enthalten resistente Stärke, Futter für unsere guten Darmbakterien.

Kartoffeln können auch vom Vortag sein. Sie enthalten dann resistente Stärke, Futter für unsere guten Darmbakterien. Deshalb steht Kartoffelspeisen nichts im Wege, Pommes und Chips natürlich ausgeschlossen. Bei **Reis und Nudeln** etwas sparsamer sein und keine Vollkornvarianten verwenden, der Darm braucht etwas Ruhe.

Jeden Tag **feine Haferflocken**, gern als Overnight-Oats oder Porridge. Einfach mal einen Esslöffel Flohsamenschalen im Müsli probieren. Beim **Brot** ist eine lange Teigführung (das Brot muss lange gehen, bevor es gebacken wird) wichtig – mindestens sechs Stunden oder wie beim guten Bäcker oft als 24-Stunden-Brot angeboten. Die Teigführung leistet Vorarbeit für unseren Magen-Darm-Trakt. Das Brot sollte keine Kerne enthalten und einen Anteil von ca. 60 Prozent feinem Vollkornmehl haben. Der Darm braucht Ruhe und keine Aufregung in Form von Pumpernickel und Kernen. In der Regel sind alle Sorten an **Nüssen** empfehlenswert.

Gemüse sollte zweimal am Tag auf dem Speiseplan stehen. Wichtig ist es, das Gemüse gut zu garen. Faustregel: Lieber zu weich als zu hart – denn der Magen-Darm-Trakt möchte Ruhe. Spitz- und Chinakohl gegart sind bei Blähungen unproblematisch, also gern einbauen. Fenchel, Karotten, Kürbis sowie Paprika (gelb und rot) sind gut gedünstet in der Regel darmfreundlich. Gurke, Zucchini, Avocado und Tomaten sind in übersichtlichen Mengen auch roh kein Problem. Blattsalate sollten reduziert werden, testen Sie die Verträglichkeit jedoch immer mal wieder aus.

Beim **Würzen** der Speisen sollten Sie auf sehr scharfe Gewürze wie Chili und Pfeffer verzichten. Gut für Magen und Darm sind Anis, Fenchel und Kümmel.

Obst sollten Sie nicht in großen Mengen verzehren, höchstens ca. 100 Gramm pro Portion, auf zwei bis drei Portionen über den

Tag verteilt, am besten in Kombination mit Quark oder Joghurt. Auf Trockenobst bitte komplett verzichten. Banane, Kiwi (nur eine kleine Menge wegen der Säure bezüglich des Magens), Papaya und Melone werden in der Regel gut vertragen. Ananas, Aprikose und Pfirsich können in kleinen Mengen auch aus dem Glas oder der Dose verzehrt werden – achten Sie auf die Zutatenliste: Hier sollten nur Wasser und Zucker enthalten sein. Den Saft aus dem Glas bitte nicht verwenden.

Um die Blähungen etwas einzufangen, verwenden Sie gern **Milchprodukte** mit einer höheren Fettstufe. Aber Achtung: Das kollidiert oft mit dem Magen, weil Sie hier eher Milchprodukte mit einem geringen Fettanteil bevorzugen sollten. Wenn Sie kleine Mengen an fetten Milchprodukten im Müsli oder gemischt mit Obst verwenden, wird jedoch auch die fette Variante oft gut vertragen. Probieren Sie es aus.

Gut vertragen wird auch griechischer Joghurt (zehn Prozent Fett) für das Haferflockenmüsli mit etwas Banane oder Quark, saure Sahne oder Schmand, zwischendurch ein kleines Glas Buttermilch oder Kefir, jedoch nicht direkt aus dem Kühlschrank. Nicht wärmebehandelte Sauermilchprodukte sind durch die enthaltenen lebenden Kulturen sehr wichtig für einen blähfreien und gesunden Darm. Ein Schuss Milch für den säurearmen Kaffee ist völlig in Ordnung.

> Bei Blähungen wird auch griechischer Joghurt gut vertragen.

Vorsicht bei zuckerreduzierten Süßigkeiten. Hier sind oft Zuckeralkohole wie Manit, Xylit oder Sorbit enthalten, die für ordentlich Ärger im Dickdarm sorgen. Ebenfalls Augen auf bei Kaugummi und Bonbons: Durch ständiges Kaugummikauen kommt Luft in den Bauch. Apfel- und Agavendicksaft sowie Fruktosesirup sollten nicht verwendet werden. Kleine Mengen dunkle Schokolade sind in der Regel kein Problem.

Durchfälle

Trinken Sie über den Tag verteilt und holen Sie nicht alles am Abend nach. Am besten stilles Wasser in Raumtemperatur, keine Softgetränke wie Limo und Ähnliches. Roiboostee und Kräutertees sind ideal, aber auch Schwarztee, der lang gezogen hat. Vermeiden Sie Fruchtsäfte und probieren Sie stilles Wasser mit einem Schuss Bananensaft.

Fettarmer Fisch wie Kabeljau, Rotbarsch, Seelachs, Dorade und Zander leicht gedünstet sind bei Durchfällen gut geeignet. Der WWF (World Wildlife Fund) hat eine Fischratgeber-App, mit der Sie sich über Fischbestände und Zuchten informieren können: www.wwf.de.

Fleisch sollte vorwiegend geschmort, schonend gegart und fettarm sein. Bevorzugen Sie fettarme Hackfleischgerichte oder Speisen mit Huhn, Pute oder Kalb.

Gemüseaufläufe mit **Eier**milch sind in der Regel gut verträglich. Pfannkuchen, Omelett, Rührei oder Eierstich können Sie gern in Kombination mit z. B. Kartoffeln genießen.

Weiche Salz- oder Pell**kartoffeln**, gern auch Kartoffelbrei und Kartoffelschnee, sind gut geeignet.

Ihr Darm benötigt Ruhe, deshalb lassen Sie Vollkornvarianten bei **Reis** und **Nudeln besser weg und nehmen k**leine Portionen Nudeln, Grieß (z. B. Grießbrei oder Grießklößchen), Parboiled Reis oder Milchreis (mit wenig Zimt und Zucker).

Hier gilt dasselbe wie bei Blähungen: jeden Tag feine Haferflocken, gern als Overnight-Oats oder Porridge. Einfach mal einen Esslöffel Flohsamenschalen, etwas Mandelmehl oder Cashewnüsse im Müsli probieren.

Beim Brot ist eine lange Teigführung (das Brot muss lange gehen, bevor es gebacken wird) wichtig – mindestens sechs Stunden oder wie beim guten Bäcker oft als 24-Stunden-Brot angeboten. Lassen Sie reine Roggenbrote weg (ein niedriger Roggenanteil ist in der Regel kein Problem). Das Brot sollte keine Kerne enthalten und einen Anteil von ca. 60 Prozent feinem Vollkornmehl haben.

Nüsse, Kerne und Samen nur in kleinen Mengen und vorwiegend gemahlen, wie z. B. Mandelmehl, Pinienkerne, Sesamsaat.

Das **Gemüse** sollte gegart sein (lieber weicher anstatt zu knackig)! Gern auch püriertes Gemüse als Suppenvariante. Starten Sie mit Kürbis, Fenchel, Zucchini, Karotten, feinen Brokkoliröschen und weich gedünstetem Tiefkühlgemüse (z. B. Kaisergemüse), eine kleine Portion am Mittag und am Abend. Somit geht regelmäßig ein sanfter „Besen" in Form von gut verdaulichen unlöslichen Ballaststoffen durch den Darm. Für Ihren Magen ist diese Kost auch erleichternd.

Bei Durchfall sollte das Gemüse gegart oder püriert sein.

Kleine Mengen **Obst** mit niedrigem Fruktoseanteil, also Äpfel und Birnen mal weglassen. Obst immer mit etwas Quark oder Joghurt kombinieren. Keine getrockneten Obstvarianten wie Rosinen, Pflaumen oder Apfelringe, lieber Bananen und Heidelbeeren (gern auch Tiefkühlware), Himbeeren oder Kiwis (nur eine kleine Menge wegen der Säure bezüglich des Magens), Nektarinen, Pfirsiche und Aprikosen. Wenn diese nicht frisch verfügbar sind, auch mal aus dem Glas, jedoch nicht das Einlegewasser mitverwenden.

Kaufen Sie keine wärmebehandelten Sauermilchprodukte. Der Fettgehalt sollte bei Joghurt maximal 3,8 Prozent und bei Quark maximal 20 Prozent betragen. Die **Milchprodukte** dürfen keine Zusätze von Pro- und Präbiotika haben. Essen Sie nicht mehr als ca. 35 g Käse pro Tag. Etwas Milch für den säurearmen Kaffee ist in Ordnung.

Auch hier gilt wie bei Blähungen: Vorsicht bei zuckerreduzierten Süßigkeiten, denn sie enthalten oft Zuckeralkohole wie Manit, Xylit oder Sorbit, die dem Dickdarm nicht guttun. Auch Kaugummis und Bonbons enthalten oft Zuckeralkohole. Verzichten Sie auf Apfel- und Agavendicksaft sowie Fruktosesirup; kleine Mengen dunkle Schokolade sind in der Regel kein Problem.

Verstopfung

Eigentlich sollte man bei Verstopfung **Wasser** mit einem hohen Kohlensäureanteil trinken. Das würde sich aber mit dem Magen nicht vertragen, deshalb gilt: über den Tag verteilt ca. anderthalb bis zwei Liter magnesiumreiches Mineralwasser trinken. Gern auch das Wasser mit etwas Fruchtsaft mischen (zwei Drittel Wasser, ein Drittel Fruchtsaft). Kräutertees wie Kamillentee können gerade in kalten Tagen getrunken werden.

Bei **Fisch oder Fleisch** gibt es grundsätzlich keine Einschränkung bei Verstopfung. Generell gilt eine magenfreundliche Zubereitung, also nicht paniert, nicht zu stark gebraten oder gegrillt, sondern lieber dünsten, schmoren und leicht braten.

Eier sollten in weicher Form gegessen werden, gern als Eiermilch in Aufläufen oder als Rühr- und Spiegelei. Omelett und Pfannkuchen sind bei Verstopfung unproblematisch.

Salz- und Pellkartoffeln, gern leichte Bratkartoffeln aus **Kartoffeln** vom Vortag, denn hier wandeln sich Teile der Kartoffelstärke in positives Darmbakterienfutter um. Das gilt auch für Kartoffelbrei und Kartoffelsalat.

Vollkornnudeln sollten bevorzugt werden. Mischen Sie mal helle **Nudeln** mit Vollkornnudeln. Auch gut für den verstopften Darm sind Nudeln aus Hülsenfrüchten. Hier gibt es leckere Varianten wie Linsen-, Kichererbsen- oder Erbsennudeln. Sie enthalten pro Portion eine hohe Menge an magenfreundlichen und verstopfungslösenden Ballaststoffen.

Beim **Reis** sollte man Sorten wie Parboiled, Basmati- oder Milchreis bevorzugen, gern mit gedünstetem und geeignetem Gemüse gemischt. Vollkornreis wurde in den letzten Jahren, was Schadstoffe betrifft, von verschiedenen Institutionen schlecht bewertet, deshalb gibt es hier keine Empfehlung.

Bei Verstopfung sind Haferflocken sehr wichtig, deshalb: jeden Tag feine Haferflocken, gern als Overnight-Oats oder Porridge.

Bei Verstopfung sind **Haferflocken** sehr wichtig, deshalb: jeden Tag feine Haferflocken, gern als Overnight-Oats oder Porridge. Probieren Sie auch einen Esslöffel Leinsamen, geschrotet, Flohsamenschalen und/oder Nussmehl (Mandel-, Haselnuss usw.) im Müsli.

Nüsse sollten Sie nur in magenfreundlicher, gemahlener Form verwenden. Sie können z. B. in Gebäcken, Milchprodukten oder wie schon beschrieben im Müsli eingebaut werden.

Brot sollte keine Kerne enthalten und einen Anteil von ca. 80 Prozent feinem Vollkornmehl haben. Beim Brot ist eine lange Teigführung, wie weiter oben beschrieben, wichtig – mindestens sechs Stunden oder als 24-Stunden-Brot angeboten.

Magenfreundliche und verstopfungsreduzierende **Gemüsevarianten** sind: Gurke, Zucchini, junger Kohlrabi, Karotten, Brokkoli, Pastinaken, Kürbis, Rote Bete, Sellerie, Spinat, feine grüne Erbsen, Fenchel, Spargel und verschiedene Blattsalate. Frische Produkte sind besser, aber auch tiefgekühlt in reiner Form ohne Zusätze (auf der Zutatenliste darf nur das Gemüse stehen, keine zugesetzten Fette, Aromen oder Gewürze) sind bekömmlich.

Essen Sie täglich zwei Portionen magenfreundliches **Obst**, z. B. reife, säurearme Obstsorten: Bananen, Äpfel (hier ist Pektin enthalten, wichtig für eine gesunde Darmflora!), Birnen, Pfirsiche, Nektarinen, Trauben ohne Kerne, Honigmelonen oder auch Heidelbeeren. In kleinen Mengen geht auch Obstmark aus dem Glas, selbst eingekochtes Obst zum Grießbrei oder Milchreis, gern auch für die Haferflockenkombination zum Frühstück.

Sauermilchprodukte sind sehr wichtig, um einen trägen Darm anzufeuern. Deshalb gern zum Frühstück oder zwischendurch etwas kühle Buttermilch, Ayran, Kefir oder Dickmilch. Auch ideal sind Quark bis 20 Prozent Fett und nicht wärmebehandelter Joghurt für Müsli, pur zwischendurch oder in Kombination mit Obst.

Müsliriegel mit einem geringen Zuckeranteil und Nussmehl oder -mus sind unproblematische **Süßigkeiten.** Auch Vollkornkekse eigenen sich besser als zuckerreiche Kekse aus hellen Mehlen.

Tipps für den Alltag

Bekömmliche Mahlzeiten planen

Neben der Auswahl der geeigneten Lebensmittel sind auch Häufigkeit und Art der Zubereitung entscheidend für den Verlauf einer Gastritis.

Neben der Auswahl der geeigneten Lebensmittel sind auch die Häufigkeit sowie die Art der Zubereitung entscheidend für den Verlauf einer Gastritis. Ungünstig sind zu große und üppige Mahlzeiten und dazwischen sehr lange Essenspausen. In dieser Zeit wird die Ansammlung der Magensäure immer mehr und kann zu unangenehmen Beschwerden führen. Eine Aufteilung auf mehrere, häufigere und vor allem kleinere Mahlzeiten ist daher sinnvoll.

Empfehlenswert sind **fünf bis sechs Mahlzeiten** über den Tag verteilt mit **Essenspausen von zwei bis drei Stunden** zwischen den Mahlzeiten. So kann sich der Magen immer wieder durch das Essen gezielt beruhigen und verhindert werden, dass sich zu viel Magensäure bildet. Dabei reichen auch schon kleine Snacks wie ein kleines Stück Brot mit Belag, ein Joghurt mit Obstmark oder auch einfach mal eine Reiswaffel. Die Snacks sollen vorrangig kohlenhydrat- und eiweißlastig sein, gerne mit Gemüse oder Obst. Meiden Sie fettreiche Snacks, um die Säureproduktion nicht unnötig zu verstärken.

Ein weiterer Pluspunkt: Häufigere Mahlzeiten sorgen für einen weniger sauren pH-Wert im Magen, was ihn weniger Reizen durch die Säure aussetzt. Aber das ist noch nicht alles. Wer schon mal zu üppig gegessen hat, kennt den unangenehmen Zustand nach solch einer Mahlzeit. Zudem verhindern kleinere Mahlzeiten ein zu starkes Völlegefühl und wirken Übelkeit entgegen.

Auch die **Zubereitungsart und Würzung** spielen eine wichtige Rolle. Würzen Sie Ihre Speisen mit milden Gewürzen (siehe Tabelle auf Seite 37). Denn zu starke Gewürze fördern das Sodbrennen. Dies ist auch der Fall bei Zubereitungsformen, bei denen viel Fett verwendet wird oder übermäßig Röststoffe entstehen. Meiden Sie deshalb frittierte Speisen sowie zu scharfes Anbraten, bei dem übermäßig viele Röststoffe entstehen. Dies ist auch der Fall bei geschmorten Speisen wie Gulasch oder Rouladen. Bevorzugen Sie hingegen schonende Zubereitungsformen wie Kochen, Dünsten, leichtes Anbraten oder Dämpfen.

Auch die Zubereitungsart hat Einfluss auf die Gastritis. Bevorzugen Sie schonende Garverfahren wie Kochen, Dünsten, leichtes Anbraten oder Dämpfen.

Stress reduzieren

Ein weiterer wichtiger Faktor ist Stress. Stress hat einen wichtigen Einfluss auf eine Magenschleimhautentzündung. Viele Berufstätige klagen über ständigen und vor allem lang anhaltenden Stress. Beim Auftreten einer Gastritis sollte dieser Einfluss immer mitbeachtet werden. Reflektieren Sie daher Ihren Alltag. Häufig nehmen wir unsere vielen Aufgaben im Alltag als gegeben hin. Oft haben wir das Gefühl, in einem Hamsterrad zu rennen und keinen Ausweg zu finden. Stellen Sie sich auf den Prüfstand: Müssen Sie wirklich immer alles, was auf Ihrer To-do-Liste steht, erledigen? Oder sind es eher Ihre inneren Antreiber, die es allen anderen recht machen wollen?

Der eigene Anspruch, nach außen fleißig und perfekt zu wirken, kann mit der Zeit auch belastend werden. Vieles in unserem Alltag könnten wir ändern, aber manche Veränderung braucht mehr Energie als einfach alles so zu lassen, wie es ist. Um dieser Mühe aus dem Weg zu gehen, machen wir dann doch lieber alles selbst, statt notwendige Veränderungen anzugehen.

„Stressmonsterchen" loswerden

Unser Tipp: Prüfen Sie die „Stressmonsterchen", die Sie über den Tag begleiten. Sortieren Sie Ihre Aufgaben nach Priorität und sortieren Sie unnötige Fleißaufgaben aus. Dazu gehören häufig auch Dinge, die Sie nur anderen zuliebe tun. Achten Sie mehr auf Ihr Bauchgefühl – Ihr Bauch gibt Ihnen oft eine klare Antwort. Ignorieren Sie diese nicht weiterhin!

Doch nicht alles lässt sich so einfach und auf die Schnelle verändern. Umso wichtiger ist es daher, an Ihrer Gelassenheit und Entspannungsfähigkeit zu arbeiten. Mehr als ein paar Minuten müssen es gar nicht sein. Gönnen Sie sich mehrere kleine Ruhephasen am Tag? Kleine Auszeiten durch ein paar Schritte an der frischen Luft, ruhige Momente mit einer guten Tasse Tee, einer Zeitung oder ein paar Zeilen in einem Buch? Oder hetzen Sie von Termin zu Termin und sind den ganzen Tag gefühlt nur am Erledigen von Aufgaben?

Ständiger Stress durch permanenten Zeitdruck oder Konflikte mit Mitmenschen können eine Gastritis auslösen, aber auch verschlechtern.

Ständiger Stress durch permanenten Zeitdruck, Konflikte mit Mitmenschen oder sonstige Belastungen können eine Gastritis auslösen, aber auch verschlechtern. Achten Sie mehr auf sich und Ihre Ruhepausen. Veränderungen müssen geplant sein und erledigen sich nicht nebenbei. Nehmen Sie sich zweimal täglich eine feste Uhrzeit vor. Stellen Sie sich dazu am besten einen Wecker und integrieren Sie zwei für Sie passende kleine Entspannungsrituale. Recken und strecken Sie sich beispielsweise und schließen Sie ab und zu einfach mal kurz die Augen. Atmen Sie langsam zehnmal ein und wieder aus und beobachten Sie, wie sich Ihr Brustkorb dabei hebt und senkt. Laufen Sie einmal um den Parkplatz vorm Büro und kreisen dabei die Arme.

Sie wissen am besten, was Ihnen guttut! Finden Sie heraus, was Sie kurz aus dem Alltag holt und wieder erdet. Diese kleinen Entspannungsquellen helfen Ihnen, Ihre Energiereserven wieder aufzuladen. Umso häufiger Sie diese täglichen Rituale einbauen, umso einfacher gehen sie Ihnen nach einer Weile von der Hand, und nicht nur Ihr Magen wird es Ihnen danken.

Rauchen und Alkoholkonsum einschränken

Rauchen, konkret das im Tabak enthaltene Nikotin, ohnehin ein Giftstoff, senkt den Spannungszustand der Speiseröhre. Durch diesen schlaffen Tonus in Richtung Magen kommt es zu einem unerwünschten Rückfluss von saurem Mageninhalt. Rauchen ist nicht nur ungesund, es macht auch süchtig. Daher scheint es für viele Menschen eine harte, scheinbar unmögliche Aufgabe, damit aufzuhören. Manche Ex-Raucher berichten aber auch, dass es im Nachhinein viel einfacher war als gedacht.

Wege in die Rauchfreiheit

So verschieden die Menschen sind, so unterschiedlich sind die Wege in die Rauchfreiheit. Vielen gelingt es mit Unterstützung leichter als ganz auf sich allein gestellt, mit dem Rauchen aufzuhören. Es ist kein Zeichen von Schwäche, Hilfe in Anspruch zu nehmen, im Gegenteil, dadurch sparen Sie sich vielleicht sogar ein paar erfolglose Anläufe.

Es gibt eine große Auswahl an Angeboten, bei denen Sie von Experten bei der Nikotinentwöhnung unterstützt werden. Auch der Besuch einer Selbsthilfegruppe kann sehr sinnvoll sein. Erkundigen Sie sich bei Ihrem Arzt oder Ihrer Krankenkasse nach Möglichkeiten.

Nicht nur Ihrem Magen, sondern Ihrem gesamten Organismus zuliebe sollten Sie Ihren Alkoholkonsum einschränken. Vieles spricht dafür, übermäßigen Alkoholkonsum auf ein moderates Niveau zu reduzieren. Wenn Sie weniger Alkohol konsumieren, freut sich nicht nur Ihr Magen, es werden auch Ihre Blutdruck- und Cholesterinwerte günstig beeinflusst und das Herz-Kreislauf-Risiko sinkt. Wie Nikotin senkt auch Alkohol den Spannungszustand der Speiseröhre und führt zu einem unerwünschten Rückfluss des sauren Mageninhalts.

Sie leben länger und gesünder, wenn Sie auf Alkohol verzichten oder ihn zumindest maßvoll genießen: Für Männer empfehlen sich maximal 0,4 Liter Wein oder 0,5 Liter Bier täglich, für Frauen maximal 0,25 Liter Wein oder 0,3 Liter Bier. Von Schnäpsen und anderen starken Spirituosen sollten Sie möglichst Abstand nehmen.

> Prinzipiell fällt Ihnen eine Umstellung deutlich leichter, wenn Sie auf unverarbeitete Produkte zurückgreifen.

Zutaten und Nährwerte beachten

Achten Sie bei der Auswahl Ihrer Lebensmittel immer auch auf die Zutatenliste. Denn je unverarbeiteter ein Lebensmittel ist, desto verträglicher ist es für Ihren Magen.

Auf verarbeiteten Lebensmitteln befinden sich eine Nährwerttabelle und eine Zutatenliste. Die Nährwerttabelle gibt neben der Kalorienzahl die Nährstoffe wie Fett-, Kohlenhydrat-, Zucker-, Eiweiß- und Salzgehalt an. Hier können Sie sich einen Überblick verschaffen, ob ein Lebensmittel sehr viel Fett enthält und somit eher in geringen Mengen gegessen werden sollte oder ob es ausreichend Kohlenhydrate und Eiweiß enthält.

Für Sie umso wichtiger ist die Zutatenliste auf dem Produkt. Die Zutaten werden absteigend nach der enthaltenen Menge angegeben. Je weiter vorne also eine Zutat aufgelistet ist, umso mehr davon ist in dem Produkt enthalten. Hier verstecken sich häufig Zusatzstoffe, die Ihren Magen reizen könnten. Versuchen Sie deshalb, überwiegend unverarbeitete Lebensmittel zu essen, die auf lange Zutatenlisten verzichten.

Natürlich ist das nicht bei jedem Produkt möglich. Beispielsweise ist Käse oder auch Müsli ein verarbeitetes Produkt mit mehreren Zutaten. Ein Anhaltspunkt für zuträglichere Produkte können kurze Zutatenlisten sein, wie es bei Käse oder auch Frischkäse natur der Fall ist. Denken Sie natürlich auch hier wieder daran, was Sie persönlich gut vertragen.

Zwölf Ernährungstipps für jeden Tag

1. Essen Sie häufiger kleine Mahlzeiten (fünf bis sechs pro Tag) statt große Portionen.
2. Trinken Sie mehrere Tassen Kräutertee über den Tag verteilt. Meiden Sie übermäßigen Kaffeekonsum und säurehaltige Getränke.
3. Bevorzugen Sie unverarbeitete Lebensmittel wie Obst, Gemüse, Kartoffeln, Reis, Fleisch, Fisch, oder Ähnliches.
4. Setzen Sie hochwertige Lebensmittel ein und achten Sie bei Obst und Gemüse auf Bioqualität.
5. Meiden Sie fettiges Fast Food. Bevorzugen Sie eine fettarme Ernährung mit fettarmer Lebensmittelauswahl und meiden Sie stark verarbeitete Light-Produkte.
6. Wählen Sie schonende Garverfahren zur Zubereitung Ihrer Speisen.
7. Achten Sie auf eine angenehme Verzehrtemperatur Ihrer Speisen. Das Essen sollte nicht zu heiß, aber auch nicht sehr kalt sein.
8. Essen Sie langsam und in Ruhe und kauen Sie jeden Bissen ausgiebig.
9. Bei der Einnahme von Säuresekretionshemmern am Abend sollten Sie keine weitere Mahlzeit mehr einnehmen. Eine Mahlzeit im Anschluss hemmt den säurehemmenden Effekt.
10. Sollten Ihre Beschwerden in der Nacht stärker sein, essen Sie eine Spätmahlzeit etwa eine Stunde vor dem Zubettgehen.
11. Lassen Sie Ihren Alltag etwas gelassener angehen und versuchen Sie, Stress zu vermeiden.
12. Integrieren Sie entspannende Rituale in Ihren Alltag wie Spaziergänge, Entspannungsbäder oder Lesen und legen Sie Ihr Smartphone spätestens eine halbe Stunde von dem Schlafengehen zur Seite.

Musterplan für eine Woche

Die folgende Zusammenstellung ist ein Vorschlag, wie Sie bei einer Gastritis mithilfe unserer Rezepte Ihre Mahlzeiten einfach und sinnvoll zusammenstellen können.

	MONTAG	DIENSTAG
Frühstück	Baked Oatmeal ► S. 58	Baked Oatmeal ► S. 58
Snacks	150 g Naturjoghurt mit 50 g Apfelmark	3 Reiswaffeln und 1 Banane
Mittagessen	Kartoffeln vorkochen: für Montag, Dienstag und Mittwoch Spinat-Kartoffel-Ei ► S. 90	Feldsalat mit Kartoffeldressing, S. 98 (Kartoffeln von Montag)
Snacks/Desserts/ Kuchen	3 fein vermahlene Vollkornkekse	1 Vanillewaffel ► S. 140
Abendessen	2 Scheiben Mischbrot vom Vortag, 1 TL Butter, 1 Scheibe Käse, körniger Frischkäse, 100 g Gurke	2 Eier als Rührei in 1 TL Öl ausgebraten, 1 Scheibe Mischbrot vom Vortag, 100 g frische Gurke
Getränke	1 l stilles Wasser 1 l Kräutertee über den Tag verteilt	1 l stilles Wasser 1 l Kräutertee über den Tag verteilt

MITTWOCH	DONNERSTAG	FREITAG
Schoko-Bulgur-Traum ► S. 62	Schoko-Bulgur-Traum ► S. 62	Pancakes ► S. 60
150 g Naturjoghurt mit ½ Banane	3 Reiswaffeln und 100 g Apfelmark	150 g Kokosjoghurt mit Heidelbeeren
Kartoffel-Spinat-Auflauf ► S. 110 (Kartoffeln von Montag)	Pastinaken-Kürbis-Suppe ► S. 80	Zucchini-Tortilla ► S. 94
1 Vanillewaffel ► S. 140	1 Apfeltasche ► S. 147	1 Apfeltasche ► S. 147
2 Scheiben Mischbrot vom Vortag, 1 TL Butter, 1 Scheibe Käse, körniger Frischkäse, 100 g frische Gurke	2 Scheiben Mischbrot mit Eierdip, S. 68, Feldsalat mit Öl, mildem Essig, Salz, Pfeffer und frischen Kräutern	Pastinaken-Kürbis-Suppe ► S. 80
1 l stilles Wasser 1 l Kräutertee über den Tag verteilt	1 l stilles Wasser 1 l Kräutertee über den Tag verteilt	1 l stilles Wasser 1 l Kräutertee über den Tag verteilt

80 LECKERE REZEPTE BEI GASTRITIS

Sie wissen nun, welche die wichtigsten Stellschrauben sind, um Ihr Verdauungssystem zur Ruhe kommen zu lassen. Im Folgenden finden Sie zahlreiche Rezepte, die Ihrem Magen guttun. Von Frühstücksideen über Snacks, vegetarische Schlemmereien und Rezepte mit Fisch und Fleisch bis hin zu Desserts ist für jeden Gaumen etwas dabei.

FRÜHSTÜCK

Dinkelporridge

Für 2 Portionen

Zubereitungszeit: 15 Minuten

Eine Portion enthält:

372 kcal (1556 kJ)	3,8 g Fett
13,3 g Eiweiß	68,9 g Kohlenhydrate

Zutaten

- 300 ml Milch, 1,5 % Fett
- Vanilleextrakt
- 1 TL Honig
- 100 g Dinkelflocken
- 2 kleine reife Bananen
- Zimt

Zubereitung

1 Milch mit Vanilleextrakt, Honig und Dinkelflocken 10 Minuten köcheln lassen.

2 Die Bananen mit einer Gabel zerdrücken und in den fertigen Porridge geben. Mit etwas Zimt nach Bedarf abschmecken.

Baked Oatmeal

Für 2 Portionen

Zubereitungszeit: 10 Minuten
Ofenzeit: 20 Minuten

Nährwerte für 1 Portion

496 kcal (2075 kJ)	14,4 g Fett
20 g Eiweiß	65,8 g Kohlenhydrate

Zutaten

- 1 Banane
- 120 g Haferflocken, fein
- 250 ml Milch, 1,5 % Fett
- 1 Ei
- 100 g Heidelbeeren, frisch oder TK
- 2 EL gemahlene Mandeln
- Vanilleextrakt
- 1 TL Honig
- Zimt

Zubereitung

1 Den Backofen auf 180 °C Ober-/Unterhitze vorheizen.

2 Die Banane mit einer Gabel zerdrücken, mit den restlichen Zutaten in eine Auflaufform geben und vermengen.

3 Alles 10 Minuten quellen lassen und 20 Minuten in den Backofen geben.

Hirse-Heidelbeer-Brei

Für 2 Portionen

Zubereitungszeit: 15 Minuten

Eine Portion enthält:

356 kcal (1489 kJ)	8,4 g Fett
9,5 g Eiweiß	60,4 g Kohlenhydrate

Zutaten

- 120 g rohe Hirse
- Zimt
- 1 TL Honig
- 250 g Heidelbeeren, frisch oder TK
- 2 EL gemahlene Mandeln

Zubereitung

1 280 ml Wasser erhitzen, die Hirse in einer Schüssel damit übergießen und mit dem Stabmixer pürieren.

2 Mit Zimt und Honig abschmecken und die Heidelbeeren sowie die gemahlenen Mandeln unterheben.

Bananen-Pancakes

Für 2 Portionen

Zubereitungszeit: 15 Minuten

Eine Portion enthält:

439 kcal (1837 kJ)	10,4 g Fett
19,5 g Eiweiß	63,5 g Kohlenhydrate

Zutaten

- 100 g Dinkelmehl Type 630
- 100 ml Milch, 1,5 % Fett
- 100 g Magerquark
- 2 Eier
- 1 TL Backpulver
- 1 Banane
- 2 EL Zucker
- Vanilleextrakt
- 1 EL Rapsöl

Zubereitung

1 Alle Zutaten bis auf das Rapsöl in einer Schüssel mit dem Pürierstab zu einem Teig vermengen.

2 Eine beschichtete Pfanne erhitzen und die Pancakes im Rapsöl leicht anbraten.

Schoko-Bulgur-Traum

Für 2 Portionen

Zubereitungszeit: 20 Minuten

Eine Portion enthält:

416 kcal (1741 kJ) 5,2 g Fett
17,3 g Eiweiß 71 g Kohlenhydrate

Zutaten

- 400 ml Milch, 1,5 % Fett
- 120 g Bulgur
- 1 TL Honig
- 2 milde Äpfel
- 2 EL entöltes Kakaopulver
- Vanilleextrakt

Zubereitung

1 Milch mit dem Bulgur in einem Topf aufkochen, anschließend mit geschlossenem Deckel 15 Minuten ziehen lassen. Den Bulgur mit Honig abschmecken.

2 Die Äpfel fein würfeln und mit Kakaopulver und Vanilleextrakt unter den Bulgur mischen.

Schneller Früchtetraum

Für 2 Portionen

Zubereitungszeit: 50 Minuten

Eine Portion enthält:

268 kcal (1121 kJ) 4,6 g Fett
16,3 g Eiweiß 37,6 g Kohlenhydrate

Zutaten

- 150 g Joghurt natur, 1,5 % Fett
- 150 g Magerquark
- 100 g Apfelmark
- 1 TL Honig
- 2 EL Haferflocken, fein
- 1 EL Leinsamen, geschrotet
- 1 Banane
- 100 g Heidelbeeren, frisch oder TK

Zubereitung

1 Joghurt mit Quark und Apfelmark in einer Schüssel cremig rühren. Mit Honig abschmecken und anschließend die Haferflocken und Leinsamen dazugeben.

2 Die Banane klein schneiden und mit den Heidelbeeren mit in die Schüssel geben.

TIPP

Wenn Sie tiefgekühlte Heidelbeeren verwenden, vermengen Sie das Frühstück am besten bereits am Abend und lassen es ziehen. Das erhöht zudem die Verträglichkeit.

Feine Dinkelbrötchen

Für 4 Brötchen

Zubereitungszeit: 15 Minuten
Ofenzeit: 15 Minuten

Nährwerte für 1 Portion

416 kcal (1741 kJ)	17,8 g Fett
16 g Eiweiß	45,7 g Kohlenhydrate

Zutaten

- 250 g Dinkelmehl Type 630
- 5 g Trockenhefe
- 2 EL Leinsamen, geschrotet
- 1 TL Salz
- 2 EL Sonnenblumenkerne

Zubereitung

1 Den Backofen auf 200 °C Ober-/Unterhitze vorheizen.

2 Alle Zutaten mit 160 ml lauwarmem Wasser zu einer homogenen Masse verkneten.

3 Den Teig in einer Schüssel mit einem Geschirrtuch abgedeckt an einen warmen Ort stellen und 30 Minuten gehen lassen.

4 Die Hände bemehlen und aus dem Teig vier Brötchen formen. Auf ein mit Backpapier ausgelegtes Backblech legen, mit etwas Wasser bestreichen und die Sonnenblumenkerne darüberstreuen.

5 Die Brötchen etwa 15 Minuten backen.

Rührei-Start

Für 2 Portionen

Zubereitungszeit: 50 Minuten

Eine Portion enthält:

573 kcal (2397 kJ)	24,4 g Fett
32,3 g Eiweiß	55 g Kohlenhydrate

Zutaten

- 1 EL Rapsöl
- 4 Eier
- Salz, Pfeffer
- 4 Scheiben Mischbrot (vom Vortag)
- 200 g körniger Frischkäse
- 1 Gurke
- 1 EL (gehäuft) Butter

Zubereitung

1 In einer Pfanne das Rapsöl erhitzen. Währenddessen in einer kleinen Schüssel die Eier aufschlagen, mit Salz und Pfeffer würzen und mit einer Gabel verquirlen.

2 Die Eier in die Pfanne geben und bei mittlerer Hitze ausbraten, dabei immer wieder umrühren.

3 Die Brote mit dem körnigen Frischkäse bestreichen, mit Gurkenscheiben belegen und mit dem Rührei anrichten.

Kurkuma-Latte mit Hafer

Für 2 Portionen

Zubereitungszeit: 10 Minuten

Eine Portion enthält:

212 kcal (887 kJ)	8,5 g Fett
3,3 g Eiweiß	28,9 g Kohlenhydrate

Zutaten

- 400 ml Hafer- oder Mandelmilch
- 1 TL Kurkuma
- 1 EL Leinöl
- 1 TL Ceylon-Zimt
- 2 EL Haferflocken, fein
- 1 EL Honig

Zubereitung

Alle Zutaten in einen Mixer geben und mit Honig abschmecken.

TIPP

Kurkuma wirkt entzündungshemmend, kann aber in zu großen Mengen unangenehm auf den Magen wirken. Testen Sie Kurkuma für sich aus. Beginnen Sie mit kleinen Mengen, wie in diesem Rezept, bevor Sie sich an größere Mengen machen, und achten Sie auf Bioqualität.

Veganer Früchtestart

Für 2 Portionen

Zubereitungszeit: 10 Minuten

Eine Portion enthält:

306 kcal (1280 kJ)	16,6 g Fett
17,6 g Eiweiß	22,7 g Kohlenhydrate

Zutaten

- 400 g veganer Joghurt, z. B. Soja, Mandel, Kokos
- 2 EL Leinsamen, geschrotet
- 2 EL Sojaflocken
- 2 EL gemahlene Mandeln
- 200 g Heidelbeeren, frisch oder TK
- 1 TL Honig

Zubereitung

Alle Zutaten vermengen und zuletzt mit Honig abschmecken.

TIPP

Werfen Sie einen Blick auf die Zutatenliste von Joghurtalternativen. Oft finden sich auch in veganen Joghurts viele ungesunde Zutaten – ein Vergleich lohnt sich.

SNACKS UND DIPS

Karotten-Estragon-Dip

Für 4 Portionen

Zubereitungszeit: 15 Minuten

Eine Portion enthält:

59 kcal (247 kJ)	0,1 g Fett
5,8 g Eiweiß	8 g Kohlenhydrate

Zutaten

- 2 Karotten
- ½ Bund Petersilie
- 1 EL frischer Estragon
- 150 g Magerquark
- Salz, Pfeffer

Zubereitung

1 Karotten schälen, klein schneiden und in Wasser kochen, bis sie weich sind. Erkalten lassen.

2 Die Karotten mit der Petersilie und Estragon und dem Quark mit einem Mixer oder Zauberstab zerkleinern und mit Salz und etwas Pfeffer abschmecken.

Cremiger Zucchinidip

Für 4 Portionen

Zubereitungszeit: 15 Minuten

Eine Portion enthält:

133 kcal (556 kJ)	8,1 g Fett
4,8 g Eiweiß	12,6 g Kohlenhydrate

Zutaten

- 1,5 kg Zucchini
- 2 EL Olivenöl
- ½ Zitrone
- 50 g saure Sahne

Zubereitung

Zucchini weich kochen und mit dem Olivenöl, dem Zitronensaft und der sauren Sahne mit einem Mixer oder Zauberstab vermengen.

Avocado-Käse-Dip

Für 4 Portionen

Zubereitungszeit: 10 Minuten

Eine Portion enthält:

147 kcal (615 kJ)	11,2 g Fett
7,4 g Eiweiß	6,8 g Kohlenhydrate

Zutaten

- 1 reife Avocado
- 200 g körniger Frischkäse
- ½ Zitrone
- Salz, Pfeffer
- 1 EL Petersilie, gehackt

Zubereitung

1 Avocado halbieren, entsteinen und mit einem Löffel aus der Schale lösen. In eine Schüssel geben und zusammen mit dem körnigen Frischkäse mit einer Gabel zerdrücken.

2 Mit dem Saft einer halben Zitrone sowie Salz und Pfeffer würzen, die Petersilie über die Creme geben.

Eierdip

Für 4 Portionen

Zubereitungszeit: 15 Minuten

Eine Portion enthält:

148 kcal (619 kJ)	10,7 g Fett
9,6 g Eiweiß	2,1 g Kohlenhydrate

Zutaten

- 4 Eier
- 100 g Magerquark
- 100 g Frischkäse natur
- 2 EL Gurkenwasser (aus dem Glas von Gewürzgurken)
- Salz, Pfeffer
- 2 EL Petersilie, gehackt

Zubereitung

1 Die Eier hart kochen, von der Schale befreien und mit Quark, Frischkäse und Gurkenwasser in eine Schüssel geben und mit einem Pürierstab fein pürieren.

2 Mit Salz und Pfeffer abschmecken und mit der Petersilie bestreuen.

Selbstgemachtes Knusperbrot

Für 4 Portionen

Zubereitungszeit: 10 Minuten
Ofenzeit: 40 Minuten

Eine Portion enthält:

291 kcal (1218 kJ)	19,7 g Fett
9,2 g Eiweiß	13,3 g Kohlenhydrate

Zutaten

150 g Leinsamen, geschrotet
70 g Maismehl
Salz, Pfeffer
2 EL Rapsöl
italienische Kräuter, getrocknet
Außerdem:
Backpapier

Zubereitung

1 Den Backofen auf 180 °C Umluft erhitzen.

2 150 ml Wasser in einem Wasserkocher erhitzen. Die geschroteten Leinsamen mit Maismehl, Salz, Pfeffer, Öl und Kräutern in eine Schüssel geben, mit heißem Wasser übergießen, mit einem Löffel umrühren und mit geschlossenem Deckel 5 Minuten quellen lassen.

3 Die Masse mit der Hand zu einem festen Teig kneten und zwischen zwei Backpapieren mit einem Nudelholz 3 mm dick ausrollen. Das obere Backpapier entfernen, die Masse auf ein Blech legen und 15 Minuten backen.

4 Das Blech aus dem Ofen nehmen, die Masse in Stücke gewünschter Größe schneiden, dann für weitere 25 Minuten in den Ofen schieben.

Heidelbeer-Schoko-Dip

Für 4 Portionen

Zubereitungszeit: 10 Minuten

Eine Portion enthält:

81 kcal (339 kJ)	4,7 g Fett
3,1 g Eiweiß	6,3 g Kohlenhydrate

Zutaten

120 g Heidelbeeren, TK
75 g Magerquark
75 g Frischkäse natur
1 TL Honig
1 TL Kakaopulver, entölt

Zubereitung

Alle Zutaten in eine Schüssel geben und mit einem Mixer oder Pürierstab fein mixen.

TIPP

Stellen Sie die tiefgekühlten Heidelbeeren zum Auftauen am Abend vorher in den Kühlschrank.

Haferbällchen

Für 4 Portionen

Zubereitungszeit: 15 Minuten
Kühlzeit: 30 Minuten

Eine Portion enthält:

355 kcal (1458 kJ)	25,2 g Fett
11,8 g Eiweiß	66,2 g Kohlenhydrate

Zutaten

- 25 g Schokolade, mindestens 70 % Kakaoanteil
- 30 g Leinsamen, geschrotet
- 100 g Mandelmus
- 1 EL Honig
- 75 g Haferflocken, fein
- 50 g Mandeln, gemahlen

Zubereitung

1 Schokolade fein reiben. Leinsamen, Mandelmus, Schokolade, ca. 50 ml Wasser und Honig zu den Haferflocken und Mandeln geben und zu einer homogenen, teigigen Masse vermengen.

2 Die Masse ca. 30 Minuten in den Kühlschrank stellen.

3 Die Masse aus dem Kühlschrank nehmen und etwa 15 Kugeln (à ca. 15 g) rollen.

Nuss-Honig-Hafer-Snack

Für 2 Portionen

Zubereitungszeit: 10 Minuten

Eine Portion enthält:

242 kcal (1013 kJ)	13,8 g Fett
12,2 g Eiweiß	39 g Kohlenhydrate

Zutaten

- 4 EL gemischte Nüsse
- 1 Banane
- 4 EL Haferflocken, fein
- 1 EL Honig
- 75 ml Milch 3,8 % Fett
- 150 g Joghurt 3,8 % Fett

Zubereitung

1 Nüsse klein hacken, Banane schälen und würfeln.

2 Nüsse und gewürfelte Banane mit Haferflocken, Honig, Mich und Joghurt vermengen.

Joghurt mit Apfel-Zimt-Flavour

Für 2 Portionen

Zubereitungszeit: 10 Minuten

Eine Portion enthält:

158 kcal (661 kJ)	7,2 g Fett
6,5 g Eiweiß	17,7 g Kohlenhydrate

Zutaten

- 1 Apfel
- 1 TL Butter
- 1 TL Puderzucker
- Zimt nach Belieben
- 300 g Joghurt natur, 3,8 % Fett

Zubereitung

1 Apfel waschen und in feine Würfel schneiden.

2 Butter in einer Pfanne leicht erhitzen, Apfelwürfel mit Puderzucker und Zimt kurz dünsten.

3 Den Pfanneninhalt mit dem Joghurt vermengen.

Mandelcreme auf Dinkelbrot

Für 2 Portionen

Zubereitungszeit: 10 Minuten

Eine Portion enthält:

293 kcal (1226 kJ)	16,9 g Fett
9,9 g Eiweiß	22,7 g Kohlenhydrate

Zutaten

- 30 g Mandelblättchen
- ½ Kästchen Kresse
- 50 g Frischkäse
- 1 EL Joghurt, 3,8 % Fett
- etwas Zitronenabrieb (bio)
- Salz
- 2 Scheiben Dinkelbrot (à 45 g)

Zubereitung

1 Mandelblättchen etwas klein hacken.

2 Die Kresse reinigen und fein schneiden. Frischkäse mit Joghurt, Mandeln und Kresse vermengen.

3 Mit Zitronenabrieb und Salz abschmecken, auf das Brot streichen.

Himbeerbumi

Für 2 Portionen

Zubereitungszeit: 10 Minuten

Eine Portion enthält:

119 kcal (498 kJ)	0,9 g Fett
12,4 g Eiweiß	15,1 g Kohlenhydrate

Zutaten

- 150 ml kalter Früchtetee
- 150 g Himbeeren, frisch oder TK
- 150 g Speisequark, 20 % Fett
- 150 g Buttermilch
- etwas Zitronenabrieb (bio)

Zubereitung

Den Früchtetee kochen und kaltstellen, dann alle Zutaten mixen.

TIPP

Eine superleckere Alternative zu einem fruchtigen, cremigen Eis: eine schnell gemachte Creme, die an das leckere Kinder-eis erinnert.

Schoko-Kokos-Bananen-Snack

Für 2 Portionen

Zubereitungszeit: 10 Minuten

Eine Portion enthält:

253 kcal (1059 kJ)	13,5 g Fett
10,7 g Eiweiß	23,5 g Kohlenhydrate

Zutaten

- 20 g Schokolade ,70 % Kakaoanteil
- 50 ml Kokosmilch (Kokosmark, ohne Zusatzstoffe)
- 175 g Quark, 20 % Fett
- 1 Banane
- 1 TL Puderzucker

Zubereitung

Schokolade fein reiben, dann Kokosmilch, Quark, Banane, Schokolade und den Puderzucker pürieren.

SUPPEN

Kartoffelcremesuppe

Für 4 Portionen

Zubereitungszeit: 40 Minuten

Eine Portion enthält:

305 kcal (1276 kJ)	13,3 g Fett
6,8 g Eiweiß	39,4 g Kohlenhydrate

Zutaten

- 2 Karotten
- ½ Sellerieknolle
- 2 EL Rapsöl
- 8–9 mehlig kochende Kartoffeln
- 1 l Gemüsebrühe
- 100 g Frischkäse natur
- Salz, Pfeffer
- Majoran, getrocknet
- ½ Bund Petersilie, gehackt

Zubereitung

1 Karotten und Sellerie schälen, in Würfel schneiden und im Rapsöl andünsten.

2 Kartoffeln schälen, in Würfel schneiden und dazugeben, alles mit Gemüsebrühe aufgießen und 20–30 Minuten köcheln lassen. Nach gewünschter Konsistenz etwas Wasser nachgeben.

3 Den Frischkäse dazugeben und die Suppe mit einem Pürierstab fein pürieren.

4 Mit den Gewürzen abschmecken und mit Petersilie garnieren.

Süßkartoffelsuppe

Für 4 Portionen

Zubereitungszeit: 10 Minuten

Eine Portion enthält:

357 kcal (1494 kJ)	22,1 g Fett
6,3 g Eiweiß	33 g Kohlenhydrate

Zutaten

- 4 Karotten
- 2 Süßkartoffeln
- ¼ Knollensellerie
- 1 EL Olivenöl
- Salz, weißer Pfeffer
- 500 ml Gemüsebrühe
- 400 ml Kokosmilch
- 150 g Joghurt natur, 1,5 % Fett
- Kurkuma, Kreuzkümmel

Zubereitung

1 Karotten, Süßkartoffeln und Knollensellerie schälen und grob würfeln.

2 Öl in einem Topf erhitzen, Gemüse anbraten, mit Salz und Pfeffer würzen. Brühe und Kokosmilch aufgießen und 20 Minuten köcheln lassen.

3 Die Suppe pürieren. Vom Herd nehmen, Joghurt untermengen und mit den Gewürzen abschmecken.

Pastinaken-Kürbis-Suppe

Für 4 Portionen

Zubereitungszeit: 40 Minuten

Eine Portion enthält:

404 kcal (1690 kJ)	21,1 g Fett
6,8 g Eiweiß	47,5 g Kohlenhydrate

Zutaten

- 4–5 Pastinaken
- 1 Hokkaidokürbis
- 2 EL Rapsöl
- 1,5 l Gemüsebrühe
- 200 g Crème fraîche
- Salz, Pfeffer
- Muskat, Petersilie, Kurkuma

Zubereitung

1 Pastinaken schälen, klein schneiden und in einen Topf geben. Den Kürbis halbieren, entkernen, in kleine Würfel schneiden und ebenfalls in den Topf geben.

2 Rapsöl dazugeben und das Gemüse kurz anbraten. Mit der Gemüsebrühe aufgießen und 20 Minuten bei mittlerer Hitze köcheln.

3 Die Crème fraîche sowie die Gewürze dazugeben und mit einem Pürierstab pürieren.

4 Nach gewünschter Konsistenz nochmals Wasser dazugeben und abschmecken.

Kartoffel-Kresse-Suppe

Für 4 Portionen

Zubereitungszeit: 30 Minuten

Eine Portion enthält:

113 kcal (473 kJ)	1,1 g Fett
5,3 g Eiweiß	20 g Kohlenhydrate

Zutaten

- 4–5 mehlig kochende Kartoffeln
- 2–3 Karotten
- ½ l Gemüsebrühe
- 1 TL Majoran
- Pfeffer, Salz
- ½ Kästchen Kresse
- 100 g körniger Frischkäse

Zubereitung

1 Die Kartoffeln schälen und in feine Würfel schneiden. Die Karotten putzen, waschen und in feine Streifen schneiden. Das Gemüse in einen Topf geben, mit der Gemüsebrühe aufgießen, mit Majoran würzen und ca. 15 Minuten garen.

2 Die Suppe etwas pürieren, sodass sie leicht sämig wird. Den Frischkäse unterziehen, dabei nicht mehr kochen lassen.

3 Die Suppe mit Salz und Pfeffer würzen, auf vier Teller verteilen und mit Kresse garnieren.

Schneller Hähncheneintopf

Für 4 Portionen

Zubereitungszeit: 25 Minuten

Eine Portion enthält:

255 kcal (1067 kJ)	7 g Fett
22 g Eiweiß	26,7 g Kohlenhydrate

Zutaten

- 2 Frühlingszwiebeln
- 2 EL Rapsöl
- 800 g Suppengemüse, TK
- 1 l Hühnerbrühe
- 2 Hähnchenbrustfilets
- 280 g Mais (Dose)
- Salz, Pfeffer
- Muskat
- ¼ Bund Koriander, gehackt

Zubereitung

1 Frühlingszwiebeln putzen und in feine Ringe schneiden.

2 Das Öl in einem Topf erhitzen, darin die Frühlingszwiebeln anschwitzen. Nach 2 Minuten das tiefgekühlte Suppengemüse dazugeben und mit der Hühnerbrühe aufgießen. Mit geschlossenem Deckel 5 Minuten kochen lassen.

3 Hähnchenbrust unter fließendem Wasser kalt abspülen, in den Topf geben und 10 Minuten garen.

4 Das Fleisch herausnehmen und unter kaltem Wasser abspülen. Mit der Hand der Faser nach in kleine Stücke rupfen, die Stücke wieder zur Suppe geben.

5 Den Mais abseihen und in die Suppe geben. Mit Salz, Pfeffer und Muskat würzen, zuletzt den Koriander dazugeben und untermengen.

Petersilienwurzel-Cremesuppe

Für 4 Portionen

Zubereitungszeit: 20 Minuten

Eine Portion enthält:

205 kcal (858 kJ)	7,7 g Fett
11,6 g Eiweiß	23,9 g Kohlenhydrate

Zutaten

- 4–5 Kartoffeln
- 5–6 Petersilienwurzeln
- 2 EL Rapsöl
- 1 l Gemüsebrühe
- 200 g körniger Frischkäse
- ½ TL Majoran
- Pfeffer, Salz

Zubereitung

1 Kartoffeln und Petersilienwurzel schälen und in grobe Stücke schneiden.

2 In einem großen Topf das Öl erhitzen. Darin die Kartoffel- und Petersilienwurzelstücke kurz anschwitzen, mit der Brühe aufgießen und bei geschlossenem Deckel 20 Minuten auf mittlerer Hitze köcheln lassen.

3 Den Frischkäse und die Gewürze unterheben und die Suppe pürieren.

Leichte Nudelsuppe

Für 4 Portionen

Zubereitungszeit: 30 Minuten

Eine Portion enthält:

184 kcal (770 kJ)	5,2 g Fett
4,9 g Eiweiß	28 g Kohlenhydrate

Zutaten

- 5 Karotten
- 200 g Stangensellerie
- 1 EL Rapsöl
- 1 l Gemüsebrühe
- 60 g Suppennudeln
- Pfeffer, Salz
- Muskat, Majoran
- ½ Bund Petersilie, gehackt

Zubereitung

1 Die Karotten und den Sellerie in feine Würfel schneiden.

2 In einem großen Topf das Öl erhitzen. Darin die Karotten und den Sellerie kurz anschwitzen, mit der Brühe aufgießen und bei geschlossenem Deckel 15 Minuten auf mittlerer Hitze köcheln lassen.

3 Die Suppe mit Salz, Pfeffer, Muskat und Majoran abschmecken. Die Petersilie und die Suppennudeln dazugeben.

4 Die Suppe auf der Herdplatte 5 Minuten ziehen lassen, bis die Nudeln weich sind.

Karotten-Kohlrabi-Suppe

Für 4 Portionen

Zubereitungszeit: 30 Minuten

Eine Portion enthält:

180 kcal (753 kJ)	13,5 g Fett
3,1 g Eiweiß	12,2 g Kohlenhydrate

Zutaten

- 4 Karotten
- 1 Kohlrabi
- 2 Frühlingszwiebeln
- 2–3 cm Ingwer
- 2 EL Rapsöl
- 600 ml Gemüsebrühe
- 200 ml Kokosmilch
- Pfeffer, Salz

Zubereitung

1 Karotten und Kohlrabi schälen und würfeln, die kleinen Kohlrabiblätter fein schneiden. Frühlingszwiebeln putzen, Ingwer schälen und beides würfeln.

2 In einem großen Topf das Öl erhitzen. Frühlingszwiebeln und Ingwer ca. 2 Minuten anbraten, dann Karotten- und Kohlrabiwürfel mit zwei Dritteln der Kohlrabiblätter zugeben und ca. 2 Minuten mitbraten.

3 Gemüsebrühe und Kokosmilch dazugeben, alles gut mischen und die Suppe bei geschlossenem Deckel ca. 12 Minuten garen.

4 Mit Pfeffer und Salz würzen, auf vier Teller verteilen und mit den restlichen Kohlrabiblättern bestreut anrichten.

VEGETARISCHE HAUPTGERICHTE

Pastinaken-Kartoffel-Puffer mit Apfelmark

Für 4 Portionen

Zubereitungszeit: 20 Minuten

Eine Portion enthält:

360 kcal (1505 kJ)	14 g Fett
6 g Eiweiß	49 g Kohlenhydrate

Zutaten

2–3 Pastinaken
4–5 Kartoffeln, vorwiegend festkochend
2 Eigelb
2 EL Dinkelmehl Type 630
4 EL Rapsöl
Salz, Muskat
400 g Apfelmark (Dose)

Zubereitung

1 Pastinaken und Kartoffeln schälen, raspeln, mit Salz, Muskat, Mehl und dem Eigelb vermengen, alternativ in einer Küchenmaschine fein raspeln.

2 Die restlichen Zutaten außer dem Öl untermengen.

3 Das Öl in einer Pfanne erhitzen, mit einem Esslöffel kleine Puffer in die Pfanne geben, glattstreichen und 5 Minuten von beiden Seiten goldbraun ausbacken.

Süßkartoffel-Tortilla

Zutaten für 8 Stücke

Zubereitungszeit: 30 Minuten
Ofenzeit: 15–20 Minuten

Eine Portion enthält:

133 kcal (557 kJ)	7 g Fett
6 g Eiweiß	11 g Kohlenhydrate

Zutaten

- 1 große Süßkartoffel
- 1 Zwiebel
- 2 Knoblauchzehen
- 1 Paprikaschote, rot
- 2 EL Olivenöl
- schwarzer Pfeffer, Salz
- 6 Eier
- Petersilie

Zubereitung

1 Den Ofen auf 150 °C Umluft vorheizen.

2 Die Süßkartoffel schälen und in ca. 0,5 cm große Würfel schneiden. Die Zwiebel schälen und in kleine Würfel schneiden, ebenso den Knoblauch. Die Paprika waschen und ebenfalls in kleine Würfel schneiden.

3 In einer ofenfesten Pfanne das Olivenöl erhitzen. Sobald das Öl heiß ist, die Kartoffelstückchen dazugeben und scharf von allen Seiten anbraten. Mit schwarzem Pfeffer und Salz kräftig würzen.

4 Sobald die Kartoffeln goldbraun sind, die Zwiebeln hinzufügen und ebenfalls mit anbraten.

5 Nach 2–3 Minuten die Paprikawürfel sowie den Knoblauch hinzugeben. Alles zusammen weitere 2–3 Minuten anbraten.

6 Die Eier mit einem Mixer oder Handrührgerät vermengen (nicht würzen). Die aufgeschäumten Eier in der Pfanne verteilen, die Tortilla 1 Minute auf dem Herd ziehen lassen.

7 Die Pfanne für etwa 15–20 Minuten in den vorgeheizten Ofen stellen.

8 Sobald das Ei gestockt ist, die Tortilla auf einen Teller stürzen. Petersilie darüberstreuen und die Tortilla wie einen Kuchen teilen.

Couscous-Gemüse-Pfanne mit Feta

Für 4 Portionen

Zubereitungszeit: 25 Minuten

Eine Portion enthält:

375 kcal (1569 kJ)	11,9 g Fett
13,3 g Eiweiß	52,2 g Kohlenhydrate

Zutaten

- 240 g Couscous
- ½ TL Gemüsebrühe
- 400 g Karotten
- 2 Zucchini
- 2 EL Öl
- Salz, Pfeffer
- frische Kräuter, z. B. Schnittlauch, Petersilie, Thymian, Oregano, gehackt
- 100 g Feta

Zubereitung

1 350 ml Wasser in einem Wasserkocher erhitzen, den Couscous in eine Schüssel geben, das heiße Wasser darübergießen. Die Gemüsebrühe dazugeben, die Schüssel mit einem Deckel oder Teller schließen und 5 Minuten ziehen lassen.

2 Karotten und Zucchini putzen, waschen, Karotten vierteln, Zucchini in geviertelte Scheiben schneiden.

3 Das Öl in einer Pfanne erhitzen, das Gemüse anbraten, mit Salz, Pfeffer und den gehackten Kräutern würzen. Den Couscous unter das Gemüse heben, alles noch einmal abschmecken und zuletzt den Feta darüberbröseln.

Kartoffeln mit Spinat und Ei

Für 2 Portionen

Zubereitungszeit: 30 Minuten

Eine Portion enthält:

404 kcal (1690 kJ)	19,2 g Fett
18,3 g Eiweiß	35,3 g Kohlenhydrate

Zutaten

- 4–5 Kartoffeln, festkochend
- 300 g gehackter Spinat, frisch oder TK
- 50 ml Gemüsebrühe
- 1 EL Frischkäse natur
- Salz, Pfeffer
- Muskat
- 1 EL Rapsöl
- 4 Eier

Zubereitung

1 Kartoffeln schälen, vierteln, in einen Topf geben und in ausreichend Wasser kochen.

2 Den Spinat in einem Topf mit der Gemüsebrühe und dem Frischkäse erhitzen und mit Salz, Pfeffer und Muskat abschmecken.

3 In einer beschichteten Pfanne das Öl erhitzen und darin die Spiegeleier ausbraten.

Nudel-Rahm-Pfanne

Für 4 Portionen

Zubereitungszeit: 20 Minuten

Eine Portion enthält:

316 kcal (1322 kJ)	13,8 g Fett
13,2 g Eiweiß	30,5 g Kohlenhydrate

Zutaten

- 200 g Spirelli
- 2 kleine Zucchini
- 1 Kohlrabi
- 3 Karotten
- 2 EL Rapsöl
- 100 g Frischkäse natur
- 100 ml Gemüsebrühe
- Salz, Pfeffer
- je ¼ Bund Petersilie und Majoran, gehackt

Zubereitung

1 Einen Topf mit heißem Wasser und etwas Salz zum Kochen bringen und darin die Nudeln nach Packungsanleitung gar kochen.

2 Das Gemüse waschen und schälen und in feine Würfel schneiden.

3 Die Gemüsewürfel im Öl andünsten, den Frischkäse, die Gemüsebrühe und die Gewürze dazugeben und kurz mit aufkochen.

4 Die fertigen Nudeln unterheben und abschmecken, mit den Kräutern bestreuen.

Gnocchi mit Spinat

Für 4 Portionen

Zubereitungszeit: 15 Minuten

Eine Portion enthält:

512 kcal (2142 kJ)	22,9 g Fett
17,4 g Eiweiß	54,7 g Kohlenhydrate

Zutaten

- 600 g Gnocchi
- 600 g gehackter Spinat, frisch oder TK
- 180 g Frischkäse natur
- 200 ml Milch, 1,5 % Fett
- Salz, Pfeffer
- Muskat
- 90 g Käse, 45 % Fett (z. B. Gouda)

Zubereitung

1 Die Gnocchi nach Packungsanleitung kochen.

2 Den Spinat in einer großen beschichteten Pfanne erhitzen, den Frischkäse und die Milch dazugeben.

3 Mit Salz, Pfeffer und Muskat abschmecken. Die fertigen Gnocchi unter den Spinat heben und den Käse darüberreiben.

Reis-Gemüse-Salat

Für 4 Portionen

Zubereitungszeit: 20 Minuten

Eine Portion enthält:

181 kcal (757 kJ)	5 g Fett
4,2 g Eiweiß	29,5 g Kohlenhydrate

Zutaten

- 1 Tasse Reis
- 2 Karotten
- 1 kleine Zucchini
- 1 EL Rapsöl
- 1 Tasse Blumenkohlröschen
- 150 ml Gemüsebrühe
- Salz, Pfeffer
- ½ Bund Petersilie, gehackt

Zubereitung

1 Reis nach Packungsanleitung kochen und abkühlen lassen.

2 Karotten und Zucchini waschen und in kleine Würfel schneiden und mit den Blumenkohlröschen im Rapsöl dünsten.

3 Die Gemüsemischung mit der Gemüsebrühe unter den Reis geben und mit Salz, Pfeffer und frisch gehackter Petersilie abschmecken.

Zucchini-Tortilla

Für 12 Stücke

Zubereitungszeit: 15 Minuten
Ofenzeit: 15 Minuten

Eine Portion enthält:

321 kcal (1343 kJ)	16 g Fett
16 g Eiweiß	25 g Kohlenhydrate

Zutaten

- 5–6 Kartoffeln, festkochend
- 3 Zucchini
- 2 EL Rapsöl
- 6 Eier
- 1 EL Petersilie, gehackt
- Salz, Pfeffer

Zubereitung

1 Den Ofen auf 150 °C Umluft vorheizen.

2 Kartoffeln schälen und zusammen mit den gewaschenen Zucchini in 0,5 cm große Stücke würfeln.

3 In einer ofenfesten Pfanne das Rapsöl erhitzen. Sobald das Öl heiß ist, die Kartoffelwürfel hinzugeben und von allen Seiten scharf anbraten.

4 Die Kartoffeln kräftig mit Pfeffer und Salz würzen. Sobald sie goldbraun sind, die Zucchini hinzugeben und ebenfalls mit anbraten.

5 Die Eier mit einem Mixer vermengen (nicht würzen) und in der Pfanne verteilen. Die Tortilla 1 Minute auf dem Herd ziehen lassen und etwa 15 Minuten in den vorgeheizten Ofen stellen.

6 Sobald das Ei gestockt ist, die Tortilla auf einen Teller stürzen. Petersilie darübergeben und wie einen Kuchen in zwölf Stücke teilen.

Pasta mit Kräuterpesto

Für 4 Portionen

Zubereitungszeit: 30 Minuten

Eine Portion enthält:

612 kcal (2561 kJ)	31 g Fett
19 g Eiweiß	61 g Kohlenhydrate

Zutaten

- 60 g Pinienkerne
- 1 Bund Basilikum
- ½ Bund Petersilie
- 4 EL Olivenöl
- 60 g Parmesan
- Salz, Pfeffer
- 320 g Spaghetti
- 2 Zucchini
- 100 g Feta

Zubereitung

1 Eine Pfanne erhitzen und darin die Pinienkerne ohne Fett goldbraun anrösten, anschließend abkühlen lassen.

2 Das Basilikum und die Petersilie waschen und grob hacken, anschließend mit den Pinienkernen in einen Mixer geben, das Öl nach und nach mit einfließen lassen. Zum Schluss den Parmesan unterrühren und mit Salz und etwas Pfeffer würzen.

3 Einen Topf mit heißem Wasser und etwas Salz zum Kochen bringen und darin die Nudeln nach Packungsanweisung gar kochen.

4 Die Zucchini waschen, der Länge nach halbieren und in feine Scheiben schneiden. Das Olivenöl in einer großen Pfanne erhitzen und darin die Zucchini anbraten.

5 Die fertigen Nudeln mit in die Pfanne geben, das Pesto untermengen und den Feta darüberbröseln.

Reisnudelsalat mit Mango und Zucchini

Für 4 Portionen

Zubereitungszeit: 20 Minuten

Eine Portion enthält:

343 kcal (1435 kJ)	5,8 g Fett
5,7 g Eiweiß	64,5 g Kohlenhydrate

Zutaten

- 240 g Reisnudeln
- 1 große Zucchini
- 1 reife Mango
- 2 EL milder Essig
- 2 EL Rapsöl
- 2 EL Zitronensaft
- Salz, Pfeffer

Zubereitung

1 Reisnudeln nach Packungsanweisung gar kochen.

2 Zucchini waschen, Mango schälen und beides in feine Würfel schneiden.

3 Aus Essig, Öl und Zitronensaft ein Dressing rühren.

4 Alle Zutaten miteinander vermengen und mit Salz und Pfeffer abschmecken.

TIPP

Der Salat kann leicht lauwarm, aber auch kalt gegessen werden.

Feldsalat mit Kartoffeldressing

Für 4 Portionen

Zubereitungszeit: 30 Minuten

Eine Portion enthält:

104 kcal (435 kJ)	6,6 g Fett
1,6 g Eiweiß	7,6 g Kohlenhydrate

Zutaten

- 1–2 Kartoffeln, mehlig kochend
- 3 EL Rapsöl
- 4 EL milder Essig
- 1 TL Honig
- Salz, Pfeffer
- 1 TL Honig
- 1 EL Petersilie, gehackt
- 1 EL Schnittlauch, in feine Ringe geschnitten
- 300 g Feldsalat

Zubereitung

1 Kartoffeln schälen, klein schneiden und 20 Minuten in Salzwasser kochen.

2 Die Kartoffeln abschütten und mit Öl, Essig, Honig, Salz und Pfeffer in einer hohen Schüssel pürieren. Je nach Bedarf nach und nach Wasser zugeben, bis die gewünschte Konsistenz entsteht.

3 Die gehackten Kräuter unterheben.

4 Den Feldsalat waschen, putzen und mit dem Kartoffeldressing vermengen.

Couscoussalat mit Minze und Feta

Für 4 Portionen

Zubereitungszeit: 20 Minuten

Eine Portion enthält:

545 kcal (2280 kJ)	31 g Fett
16 g Eiweiß	46 g Kohlenhydrate

Zutaten

- 250 g Couscous
- 3 EL Olivenöl
- 3 EL milder Essig
- Salz, Pfeffer
- Kreuzkümmel
- 1–2 Salatgurken
- 1 reife Avocado
- 200 g Feta
- 1 Bund Minze, gehackt
- 1 Bund Petersilie, gehackt

Zubereitung

1 Den Couscous in eine Schüssel geben und mit 250 ml aufgekochtem Wasser aufgießen. Mit einem Deckel versehen. Nach 5 Minuten den Deckel abnehmen und den Couscous mit einer Gabel auflockern.

2 Öl, Essig sowie die Gewürze hinzugeben und den Couscous ziehen lassen.

3 Die Salatgurke waschen, die Avocado halbieren und das Fruchtfleisch herausnehmen. Gurke, Avocado und Feta in gleich große Stücke schneiden.

4 Sobald der Couscous abgekühlt ist, die restlichen Zutaten dazugeben und mit Salz und Pfeffer abschmecken.

Ofenkartoffel mit Quark und Pastinakensalat

Für 4 Portionen

Zubereitungszeit: 40 Minuten
Ofenzeit: 45 Minuten

Eine Portion enthält:

486 kcal (2033 kJ)	18 g Fett
20 g Eiweiß	57 g Kohlenhydrate

Zutaten

4 große Kartoffeln, festkochend
3 EL Olivenöl
1 Stängel Rosmarin
400 g Magerquark
Salz, Pfeffer
1 TL Honig
2 Stängel Thymian
4 Pastinaken
3 Stängel Petersilie, gehackt
5 EL Schmand

Zubereitung

1 Backofen auf 180 °C Ober-/Unterhitze vorheizen.

2 Die Kartoffeln in eine Auflaufform geben, mit einem Messer der Breite nach mehrere Schnitte in die Kartoffeln einschneiden. Die Kartoffeln mit 2 EL Öl bestreichen und Rosmarinnadeln in die Spalten stecken.

3 Die Kartoffeln 45 Minuten in den Backofen geben.

4 Den Quark mit 1 EL Öl, Salz, Pfeffer und Honig in eine Schüssel geben, 50 ml Wasser hinzugeben und mit einem Handrührgerät verrühren.

5 Die Pastinaken schälen und mit einem Hobel in feine Streifen raspeln. Mit gehackter Petersilie, Schmand, Salz und Pfeffer vermengen und mit den Händen kneten, sodass die Pastinaken weich werden.

6 Den Salat 30 Minuten ziehen lassen. Dann die Ofenkartoffeln mit dem Quark und dem Salat anrichten.

Pikante Pfannkuchen mit Spinat-Käse-Füllung

Für 4 Portionen

Zubereitungszeit: 45 Minuten

Eine Portion enthält:

497 kcal (2079 kJ)	26 g Fett
23 g Eiweiß	40 g Kohlenhydrate

Zutaten

- 200 g Dinkelmehl Type 630
- 300 ml Milch, 1,5 % Fett
- 2 Eier
- 2 EL Rapsöl
- 400 g Spinat, frisch oder TK
- Salz, Pfeffer
- Muskat
- 2 EL Schmand
- 200 g Feta

Zubereitung

1 Mehl, Milch und Eier in eine Schüssel geben und mit einem Rührgerät zu einem Teig vermengen.

2 Eine beschichtete Pfanne erhitzen, einen Teil des Öls in die Pfanne geben und einen Schöpfer Teig in die Pfanne fließen lassen. Den Pfannkuchen von beiden Seiten goldbraun ausbraten.

3 Mit dem restlichen Teig genauso verfahren.

4 Den Spinat waschen, grobe Stellen vom Strunk entfernen und große Blätter halbieren. In einen kleinen Topf mit etwas Wasser und den Gewürzen geben, mit einem Deckel verschließen und bei mittlerer Hitze köcheln, bis der Spinat zerfallen ist.

5 Den Schmand unter den Spinat heben und den Feta in den Spinat bröseln.

6 Die Pfannkuchen mit der Spinat-Feta-Füllung bestreichen und zusammenrollen.

Karotten-Hirse-Bratlinge mit Feldsalat

Für 4 Portionen

Zubereitungszeit: 40 Minuten

Eine Portion enthält:

387 kcal (1619 kJ)	13,2 g Fett
13,7 g Eiweiß	48,4 g Kohlenhydrate

Zutaten

- 250 g Hirse
- 2 Karotten
- 100 g Blattspinat
- 4 Eier
- 1 EL Stärke
- Salz, Pfeffer
- 3 EL Rapsöl
- 160 g Feldsalat
- 2 EL milder Essig
- 1 TL Honig
- frische Kräuter, z. B. Petersilie; Schnittlauch, gehackt

Zubereitung

1 Einen Topf mit Salzwasser aufkochen und darin die Hirse 7 Minuten ziehen lassen, dann abkühlen lassen.

2 Die Karotten schälen und fein raspeln, den Blattspinat waschen und große Blätter halbieren.

3 Das Gemüse unter die Hirse heben. Die Eier und die Stärke dazugeben und mit Salz und Pfeffer würzen.

4 In einer Pfanne etwas Öl erhitzen, die Hände anfeuchten und kleine Kugeln formen. In der Handfläche flach drücken und in der Pfanne von beiden Seiten 5 Minuten ausbraten.

5 Den Feldsalat waschen und mit einem Dressing aus Öl, Essig, Honig, Salz, Pfeffer und frisch gehackten Kräutern vermengen.

Ofengemüse mit Kräutercremedip

Für 4 Portionen

Zubereitungszeit: 20 Minuten
Ofenzeit: 30 Minuten

Eine Portion enthält:

464 kcal (1941 kJ)	22,3 g Fett
14,3 g Eiweiß	51,8 g Kohlenhydrate

Zutaten

3–4 Pastinaken
1–2 Süßkartoffeln
4 Karotten
2 Rote Bete
4 EL Olivenöl
Salz, Pfeffer
300 g Magerquark
100 g Frischkäse natur
frische Kräuter, z. B. Petersilie, Thymian, Rosmarin, Oregano, gehackt

Zubereitung

1 Den Backofen auf 180 °C Umluft vorheizen.

2 Pastinaken, Süßkartoffeln, Karotten und Rote Bete schälen und in gleich große Stücke schneiden. Je kleiner die Stücke sind, desto kürzer brauchen sie im Ofen.

3 Das Gemüse in eine Auflaufform geben und mit dem Öl und Salz und Pfeffer vermengen. Das Blech 30 Minuten in den Backofen geben.

4 Den Quark mit dem Frischkäse und etwas Wasser vermengen. Mit Salz und Pfeffer würzen, die Kräuter unterheben.

5 Den Kräuterdip mit dem Gemüse anrichten.

TIPP

Rote Bete färben stark ab. Verwenden Sie zum Schälen Einmalhandschuhe oder entfernen Sie den Naturfarbstoff mit heißem Wasser und Zitronensäure.

Turbopizza mediterran

Für 2 kleine Pizzen

Zubereitungszeit: 20 Minuten
Ofenzeit: 10–15 Minuten

Eine Portion enthält:

517 kcal (2163 kJ)	15,3 g Fett
31,3 g Eiweiß	60 g Kohlenhydrate

Zutaten

200 g Magerquark
150 g Dinkelmehl Type 630
1 EL Leinsamen, geschrotet
1 TL Backpulver
Salz
4 EL Schmand
80 g Mozzarella
1 Zucchini
½ Brokkoli
10 Blätter frischer Basilikum
1 TL italienische Kräuter, getrocknet
Salz, Pfeffer

Zubereitung

1 Den Magerquark, das Mehl, die Leinsamen sowie das Backpulver und 1 TL Salz in eine Schüssel geben, verrühren und mit einem Handrührgerät zu einem Teig vermengen.

2 Die Hände bemehlen, den Teig geschmeidig kneten und auf ein Backpapier legen. Ein zweites Backpapier darauflegen und den Teig mit einem Nudelholz ausrollen.

3 Den Ofen auf 180 °C Ober-/Unterhitze vorheizen.

4 Den Boden mit Schmand beschmieren, den Mozzarella in feine Scheiben schneiden, die Zucchini und den Brokkoli waschen und klein schneiden.

5 Die Pizza mit dem Gemüse und Käse belegen und je nach gewünschter Bräune 10–15 Minuten in den Ofen geben.

6 Das Blech aus dem Ofen nehmen und mit Basilikum, Kräutern und Pfeffer bestreuen.

Herbstlicher Kürbissalat

Für 4 Portionen

Zubereitungszeit: 15 Minuten
Kühlzeit: 30 Minuten

Eine Portion enthält:

288 kcal (1205 kJ)	18,7 g Fett
4,6 g Eiweiß	27,6 g Kohlenhydrate

Zutaten

1 Hokkaidokürbis
6 Karotten
1 Apfel
80 g Pinienkerne
2 EL Rapsöl
2 EL milder Essig
2 EL Apfelsaft
Salz, weißer Pfeffer
1 EL Petersilie, gehackt

Zubereitung

1 Kürbis, Karotte und Apfel waschen, grob raspeln und mit den Pinienkernen in eine Salatschüssel geben.

2 Aus den restlichen Zutaten das Dressing herstellen und über den Salat geben. Bei Bedarf noch einmal abschmecken.

3 Den Salat mit den Händen fest durchkneten, sodass der Kürbis weicher wird. 30 Minuten im Kühlschrank durchziehen lassen.

Kartoffel-Spinat-Auflauf

Für 4 Portionen

Zubereitungszeit: 20 Minuten
Ofenzeit: 30 Minuten

Eine Portion enthält:

425 kcal (1778 kJ)	17,4 g Fett
25 g Eiweiß	38,1 g Kohlenhydrate

Zutaten

- 7–8 Kartoffeln, festkochend
- 500 g Spinat
- 90 g Käse, 45 % Fett (z. B. Gouda)
- 1 EL (gehäuft) Butter
- 2 Eier
- 300 ml Milch, 1,5 % Fett
- Salz, Pfeffer
- Muskat, Oregano

Zubereitung

1 Kartoffeln schälen und in dünne Scheiben raspeln. Einen Topf mit Salzwasser erhitzen und darin die Kartoffelscheiben 5 Minuten garen.

2 Den gewaschenen und geputzten Spinat ganz kurz mit dem heißen Wasser der Kartoffeln überbrühen.

3 Den Backofen auf 180 °C Umluft vorheizen.

4 Den Käse reiben und die Auflaufform mit der Butter ausfetten. Die Kartoffeln abwechselnd mit dem Spinat in die gefettete Form schichten.

5 Die Hälfte des geriebenen Käses mit den Eiern, der Milch, Salz, Pfeffer, Muskat und Oregano in einer hohen Schüssel verrühren.

6 Die Flüssigkeit über den Auflauf geben, mit dem restlichen Käse bestreuen und 30 Minuten in den Backofen geben.

TIPP

Selbst geriebener Käse hat mehr Aroma und enthält keine Zusatzstoffe wie Trennmittel, die Sie häufig in geriebenem Käse finden.

Käse-Gemüse-Muffins

Für 12 Stück

Zubereitungszeit: 20 Minuten
Ofenzeit: 15 Minuten

Eine Portion enthält:

93 kcal (389 kJ)	6 g Fett
7 g Eiweiß	1 g Kohlenhydrate

Zutaten

- 8 Eier
- 100 ml Milch, 1,5 % Fett
- ½ Brokkoli
- ½ Zucchini
- 120 g Käse, 45 % Fett (z. B. Gouda)
- Salz, Pfeffer
- je 1–2 EL Petersilie und Schnittlauch, gehackt

Zubereitung

1 Den Ofen auf 180 °C Umluft vorheizen.

2 Die Eier in eine Schüssel schlagen und mit der Milch aufschlagen.

3 Brokkoli und Zucchini waschen, sehr klein schneiden und zu den Eiern geben. Den Käse in die Eiermasse reiben, alles mit Salz, Pfeffer und Kräutern würzen.

4 Muffinförmchen in ein Muffinblech geben und die Eiermasse auf 12 Muffins verteilen, das Blech 15 Minuten in den Backofen geben.

Ofenkürbis mit Spinat-Feta-Füllung

Für 4 Portionen

Zubereitungszeit: 40 Minuten

Eine Portion enthält:

93 kcal (389 kJ)	6 g Fett
7 g Eiweiß	1 g Kohlenhydrate

Zutaten

- 1 großer Hokkaidokürbis
- Salz, Pfeffer
- Muskat
- 200 g Spinat, TK in Stückchen
- 100 g Feta
- 100 ml Milch, 1,5 % Fett
- 50 g Frischkäse

Zubereitung

1 Den Ofen auf 180 °C Umluft vorheizen.

2 Den Kürbis waschen, halbieren, entkernen und mit der Außenseite auf ein Backpapier auf ein Backblech legen.

3 Den Kürbis mit Salz, Pfeffer und Muskat würzen und mit dem Spinat sowie gewürfeltem Feta befüllen. Für 15 Minuten in den Backofen geben.

4 Herausnehmen, in die Kürbishälften die Milch und den Frischkäse geben, mit einem Löffel umrühren und mit etwas Salz, Pfeffer und Muskat würzen. Erneut 15 Minuten in den Backofen stellen.

Quinoa-Bratlinge mit Feldsalat

Für 4 Portionen

Zubereitungszeit: 45 Minuten

Eine Portion enthält:

589 kcal (4264 kJ)	30 g Fett
21 g Eiweiß	55 g Kohlenhydrate

Zutaten

- 320 g Quinoa
- 500 ml Gemüsebrühe
- 1 Rote Bete
- 40 g Hefeflocken
- Salz, Pfeffer
- Kreuzkümmel
- 2 EL Rapsöl
- 200 g Feldsalat
- 2 EL Walnussöl
- 2 EL milder Essig
- Salz, Pfeffer
- 1 TL Honig

Zubereitung

1 Quinoa in einem Sieb unter laufendem Wasser abspülen. Zusammen mit der Gemüsebrühe in einen Topf geben und 10 Minuten bei mittlerer Hitze köcheln lassen, dann bei geschlossenem Deckel weitere 10 Minuten ziehen lassen.

2 Die Rote Bete schälen, fein würfeln und ebenfalls dazugeben. Hefeflocken unter die Quinoa mengen und mit Salz, Pfeffer und Kreuzkümmel würzen.

3 Das Öl in einer Pfanne erhitzen, mit angefeuchteten Händen aus der Quinoamischung kleine Kugeln formen, flach drücken und in die Pfanne geben. Von beiden Seiten jeweils 5 Minuten leicht anbraten.

4 Feldsalat putzen, waschen und mit Walnussöl, Essig, Salz, Pfeffer und Honig vermengen. Die Bratlinge mit dem Salat anrichten.

TIPP

Achten Sie darauf, dass sich beim Anbraten keine zu starken Röststoffe bilden, lassen Sie die Bratlinge also nicht zu stark bräunen – sie sollten hell bleiben.

Bunter Rote-Bete-Salat

Für 4 Portionen

Zubereitungszeit: 25 Minuten

Eine Portion enthält:

93 kcal (389 kJ)	6 g Fett
7 g Eiweiß	1 g Kohlenhydrate

Zutaten

- 1 Pck. vakuumierte Rote Bete
- 80 g Walnüsse
- 1 Handvoll Rucola
- 250 g Feta
- 2 EL Rapsöl
- 2 EL milder Essig
- Salz, weißer Pfeffer

Zubereitung

1 Rote Bete in Stifte schneiden und mit den Walnusskernen in eine Salatschüssel geben.

2 Den Rucola waschen, große Blätter halbieren und mit in die Schüssel geben.

3 Den Feta würfeln und mit Öl, Essig, Salz und Pfeffer ebenfalls in die Schüssel geben und alles vermengen.

HAUPTGERICHTE MIT FLEISCH UND FISCH

Zucchini-Hackfleisch-Lasagne

Für 4 Portionen

Zubereitungszeit: 20 Minuten
Ofenzeit: 20 Minuten

Eine Portion enthält:

454 kcal (1900 kJ)	29 g Fett
37 g Eiweiß	14 g Kohlenhydrate

Zutaten

- 5–6 Zucchini
- 2 EL Raps- oder Olivenöl
- 500 g Tatar
- 2 EL Tomatenmark
- 500 ml passierte Tomaten
- 200 g Schmand
- frische Kräuter, z. B. Petersilie, Oregano, Majoran, gehackt
- 6 Lasagneplatten (20 Minuten ohne Vorkochen)
- Salz, Pfeffer
- 1 TL Vollrohrzucker
- 80 g Käse, 45 % Fett

Zubereitung

1 Den Backen auf 180 °C (Umluft) vorheizen.

2 Die Zucchini der Länge nach in 2 mm dicke Scheiben hobeln.

3 Das Öl in einer Pfanne erhitzen, das Fleisch darin anbraten. Nach 5 Minuten Tomatenmark dazugeben und kurz mit anschwitzen, dann mit passierten Tomaten und Schmand ablöschen. Mit Kräutern, Gewürzen, Salz, Pfeffer und Zucker abschmecken und weitere 5 Minuten köcheln lassen.

4 In einer großen Auflaufform abwechselnd die Hackfleischsoße, Zucchinischeiben und Lasagneplatten schichten, mit einer Schicht Soße abschließen. Den Käse reiben und darüberstreuen.

5 Die Form 20 Minuten in den Backofen stellen.

Putenschnitzel mit Kartoffelpüree und Karottengemüse

Für 4 Portionen

Zubereitungszeit: 20 Minuten
Ziehzeit: 60 Minuten

Eine Portion enthält:

441 kcal (1845 kJ)	14,9 g Fett
291 g Eiweiß	47,9 g Kohlenhydrate

Zutaten

- 10 Karotten
- Salz, Pfeffer
- 4 EL Rapsöl
- 2 EL milder Essig
- 2 EL Petersilie, gehackt
- 8–9 Kartoffeln
- 200 ml Milch, 1,5 % Fett
- 1 EL (gehäuft) Butter
- 400 g Putenschnitzel

Zubereitung

1 Karotten in Scheiben schneiden, 15 Minuten kochen und noch warm mit einem Dressing aus Salz, Pfeffer, 2 EL Öl, Essig und Petersilie übergießen und 1 Stunde ziehen lassen.

2 Kartoffeln schälen, vierteln und in Salzwasser weich kochen. Mit einer Gabel zerdrücken und mit Milch und Butter cremig rühren. Warm stellen.

3 Wenn das Karottengemüse fast durchgezogen ist, das Putenschnitzel unter fließendem Wasser kalt abspülen, mit Salz und Pfeffer würzen, mit 2 EL Rapsöl leicht von beiden Seiten anbraten und bei mittlerer Hitze und geschlossenem Deckel fertig garen.

Schweinefilet mit Fenchel-Brokkoli-Gemüse

Für 4 Portionen

Zubereitungszeit: 25 Minuten
Ofenzeit: 20 Minuten

Eine Portion enthält:

503 kcal (2105 kJ)	28 g Fett
38 g Eiweiß	22 g Kohlenhydrate

Zutaten

- 500 g Schweinefilet
- Salz, Pfeffer
- 1 TL Honig
- 2 Fenchelknollen
- 1 Brokkoli
- 4 EL Rapsöl
- getrocknete Kräuter, z. B. Oregano, Rosmarin, Thymian
- 100 g Feta

Zubereitung

1 Den Backofen auf 180 °C Ober-/Unterhitze vorheizen.

2 Das Schweinefilet unter fließendem Wasser kalt abspülen, mit einem Küchentuch abtupfen und in 3 cm dicke Scheiben schneiden. Mit Salz, Pfeffer und Honig marinieren.

3 Fenchel waschen und halbieren, den Strunk entfernen und in 1 cm dicke Scheiben schneiden. Brokkoli waschen, in kleine Röschen schneiden und mit dem Fenchel in eine Auflaufform geben. Mit 2 EL Öl sowie den Kräutern vermengen.

4 Den Feta würfeln und darüberstreuen, die Form 20 Minuten in den Backofen stellen.

5 Eine Pfanne mit dem restlichen Öl erhitzen, darin das Schweinefilet von beiden Seiten anbraten, ohne dass zu starke Röststoffe entstehen. Den Deckel schließen, den Herd ausstellen und die Filets kurz ziehen lassen.

6 Mit dem Ofengemüse anrichten.

Spaghetti alla Carbonara light

Für 4 Portionen

Zubereitungszeit: 30 Minuten

Eine Portion enthält:

636 kcal (2661 kJ)	23,9 g Fett
47,8 g Eiweiß	50,9 g Kohlenhydrate

Zutaten

- 240 g Spaghetti
- 4 Eier
- 200 ml Milch, 1,5 % Fett
- 200 g Parmesan, gerieben
- 600 g Brokkoliröschen
- 1 EL Rapsöl
- 4 Scheiben Kochschinken
- Salz, Pfeffer
- Muskat

Zubereitung

1 Einen Topf mit heißem Wasser und etwas Salz zum Kochen bringen und darin die Nudeln nach Packungsanweisung gar kochen.

2 Die Eier mit der Milch und dem Parmesan verquirlen.

3 Den Brokkoli in feine Röschen schneiden und 15 Minuten in Wasser kochen.

4 Das Öl in einer Pfanne erhitzen, die Nudeln dazugeben. Die Eiermasse unter ständigem Rühren unterheben.

5 Den Schinken in Würfel schneiden und mit den Brokkoli in die Nudelpfanne geben.

6 Mit Salz, Pfeffer und Muskat abschmecken.

Hähnchen-Kokos-Pfanne

Für 4 Portionen

Zubereitungszeit: 45 Minuten

Eine Portion enthält:

614 kcal (2569 kJ)	41 g Fett
42 g Eiweiß	22 g Kohlenhydrate

Zutaten

- 500 g Hähnchenbrust
- 1 Brokkoli
- ½ Blumenkohl
- 2 EL Rapsöl
- 400 ml Kokosmilch
- 200 ml Gemüsebrühe
- 2 EL Tahini (Sesampaste)
- ½ Bund Koriander, gehackt
- Salz, Pfeffer
- Kreuzkümmel, Kurkuma

Zubereitung

1 Hähnchenbrust unter fließendem Wasser kalt abspülen und in Streifen schneiden. Brokkoli und Blumenkohl in Röschen schneiden.

2 Das Öl in einem Topf erhitzen. Zunächst die Hähnchenbrust anbraten, dann Brokkoli und Blumenkohl dazugeben und 2 Minuten mitbraten.

3 Mit Kokosmilch und Gemüsebrühe ablöschen, Tahini dazugeben und bei geschlossenem Deckel 15 Minuten köcheln lassen.

4 Mit Koriander und Gewürzen abschmecken.

Tatar-Reis-Pfanne

Für 4 Portionen

Zubereitungszeit: 20 Minuten

Eine Portion enthält:

402 kcal (1682 kJ)	10 g Fett
26,7 g Eiweiß	46,2 g Kohlenhydrate

Zutaten

- 200 g Reis
- 400 g Tatar
- 600 g Kaisergemüse, TK
- 400 g gehackte Tomaten (Dose)
- 2 EL Rapsöl

Zubereitung

1 Reis nach Packungsanleitung kochen.

2 Das Tatar leicht anbraten. Das Kaisergemüse zum Hackfleisch geben und mit den gehackten Tomaten ablöschen. Alles kochen lassen, bis das Gemüse bissfest ist.

3 Zum Schluss den Reis dazugeben.

Minutensteak mit Kartoffelspalten und Quarkdip

Für 4 Portionen

Zubereitungszeit: 40 Minuten

Eine Portion enthält:

531 kcal (2222 kJ)	23,9 g Fett
41,4 g Eiweiß	36,2 g Kohlenhydrate

Zutaten

- 8–9 Kartoffeln
- 4 EL Rapsöl
- Salz, Pfeffer
- 300 g Magerquark
- 100 g Frischkäse natur
- je ¼ Bund Petersilie und Dill, gehackt
- 500 g Minutensteaks
- 1 EL Dinkelmehl Type 630

Zubereitung

1 Den Ofen auf 180 °C Ober-/Unterhitze vorheizen.

2 Kartoffeln schälen, der Länge nach halbieren und nochmals halbieren, sodass Schiffchen entstehen.

3 Mit 2 EL Öl sowie Salz und Pfeffer würzen und in einer Auflaufform 30 Minuten in den Ofen geben.

4 Den Quark mit dem Frischkäse vermengen, salzen und pfeffern und mit den gehackten Kräutern würzen.

5 Die Steaks unter fließendem Wasser kalt abspülen, mit Küchenpapier trocken tupfen, in Mehl wenden und in einer beschichteten Pfanne in dem restlichen Öl leicht anbraten. Zum Schluss mit Pfeffer und Salz würzen.

Geflügel-Couscous-Salat

Für 4 Portionen

Zubereitungszeit: 20 Minuten

Eine Portion enthält:

239 kcal (1000 kJ)	1,7 g Fett
16,2 g Eiweiß	38,4 g Kohlenhydrate

Zutaten

- 160 g Couscous
- 2 milde Äpfel
- 200 g Sellerie
- 150 g Salatgurke
- 200 g gedünstete Putenbrust oder Putenbrustaufschnitt
- 5 EL Gemüsebrühe
- Salz, Pfeffer
- 3 EL Rapsöl
- 2 EL milder Essig
- 8 Blätter frische Minze

Zubereitung

1 Den Couscous in eine Schüssel geben, mit heißem Wasser nach Packungsanweisung übergießen, mit einem Teller abdecken und quellen lassen.

2 Die Äpfel und den Sellerie mit einer Reibe fein reiben. Die Gurke in feine Würfel schneiden.

3 Putenbrust bzw. Aufschnitt ebenfalls in feine Würfel schneiden.

4 Alle Zutaten in die Schüssel zum Couscous geben und mit Gemüsebrühe, Salz, Pfeffer, Essig und Öl vermengen.

5 Die Minze waschen, fein hacken und über den Salat geben.

Nudel-Spinat-Auflauf mit Putenbrust

Für 4 Portionen

Zubereitungszeit: 20 Minuten
Ofenzeit: 15 Minuten

Eine Portion enthält:

460 kcal (1925 kJ)	19 g Fett
23 g Eiweiß	47 g Kohlenhydrate

Zutaten

- 250 g Spirelli
- 100 g Putenbrustaufschnitt
- 2 EL Rapsöl
- 300 g Spinat, TK
- 200 ml Milch, 1,5 % Fett
- 60 g Frischkäse natur
- Salz, Pfeffer
- Muskat
- 90 g Käse, 45 % Fett (z. B. Gouda)

Zubereitung

1 Die Nudeln nach Packungsanweisung gar kochen.

2 Den Putenbrustaufschnitt in Streifen schneiden, eine Pfanne mit Öl erhitzen, darin die Putenbruststreifen leicht anbraten.

3 Nach 3 Minuten den Spinat, die Milch und den Frischkäse dazugeben und alles 10 Minuten köcheln lassen. Die Soße mit Salz, Pfeffer und Muskat würzen.

4 Den Backofen auf 180 °C Ober-/Unterhitze vorheizen.

5 Die Nudeln und die Spinatsoße in eine Auflaufform geben und miteinander vermengen. Den Käse reiben und über die Nudeln geben.

6 Die Form 15 Minuten in den Ofen geben, der Käse soll dabei nur leicht bräunen.

Putengeschnetzeltes mit Nudeln und Salat

Für 4 Portionen

Zubereitungszeit: 30 Minuten

Eine Portion enthält:

667 kcal (2790 kJ)	26 g Fett
44 g Eiweiß	60 g Kohlenhydrate

Zutaten

- 320 g Spirelli
- 500 g Putengeschnetzeltes
- 200 g Schmand
- 100 ml Milch, 1,5 % Fett
- 160 g Blattsalat
- 2 EL Rapsöl oder Olivenöl
- 2 EL milder Essig
- 1 TL Vollrohrzucker
- Salz, Pfeffer
- Muskat, Majoran
- ½ Bund Petersilie, gehackt

Zubereitung

1 Einen Topf mit heißem Wasser und etwas Salz zum Kochen bringen und darin die Nudeln nach Packungsanweisung gar kochen.

2 Eine beschichtete Pfanne mit dem Öl erhitzen, darin das Fleisch von beiden Seiten anbraten.

3 Mit dem Schmand und der Milch ablöschen und mit Salz, Pfeffer, Muskat und getrockneten Kräutern abschmecken. Die Soße 5 Minuten einköcheln lassen.

4 Den Salat waschen, in kleine Stücke schneiden und mit einem Dressing aus Öl, Essig, Zucker, Salz, Pfeffer und Petersilie vermengen.

Zucchini-Hack-Kartoffel-Pfanne

Für 4 Portionen

Zubereitungszeit: 30 Minuten

Eine Portion enthält:

321 kcal (1343 kJ)	16,7 g Fett
28,3 g Eiweiß	13,1 g Kohlenhydrate

Zutaten

- 400 g Rinderhackfleisch
- 3 Kartoffeln
- 3 Zucchini
- 1 l Gemüsebrühe
- 200 g Frischkäse, fettarm
- Salz, Pfeffer
- Oregano, Senfsaat, Paprika edelsüß

Zubereitung

1 Das Hackfleisch in einem hohen Topf mit dem Öl kurz anbraten. Die Kartoffeln in feine Würfel von 0,5 cm schneiden und kurz mit anbraten. Dann mit der Gemüsebrühe aufgießen und 15 Minuten köcheln lassen.

2 Die Zucchini ebenfalls in Würfel schneiden und in den Topf dazugeben. Den Frischkäse hinzufügen.

3 Weitere 5 Minuten köcheln lassen und mit den Gewürzen abschmecken.

Blitztopf mit Rinderhack und Gemüse

Für 4 Portionen

Zubereitungszeit: 25 Minuten

Eine Portion enthält:

444 kcal (1858 kJ)	24 g Fett
23,5 g Eiweiß	28,5 g Kohlenhydrate

Zutaten

- 2 EL Rapsöl
- 1 EL Tomatenmark
- 200 g Rinderhackfleisch
- 750 g Karotten und Brokkoli, TK
- 200 g Frischkäse, fettarm
- 600 ml Gemüsebrühe
- 125 g Eier-Fadennudeln
- 1 TL Kurkuma
- ½ Bund Petersilie, gehackt
- Salz, Pfeffer

Zubereitung

1 Öl in einem Topf erhitzen, darin das Hackfleisch anbraten. Das Tiefkühlgemüse und das Tomatenmark zugeben und ca. 3 Minuten bei mittlerer Hitze mitbraten.

2 In einer kleinen Schüssel Frischkäse mit der Gemüsebrühe vermengen. Die Mischung zum Gemüse geben und ca. 8 Minuten bei geschlossenem Deckel und mittlerer Hitze garen.

3 Die Fadennudeln zusammen mit Kurkuma und Petersilie in den Topf geben, kurz aufkochen lassen und ca. 4 Minuten bei geschlossenem Topf ziehen lassen, bis die Nudeln weich sind. Mit Salz und Pfeffer abschmecken.

Kabeljaufilet auf Gemüsebeet

Für 4 Portionen

Zubereitungszeit: 30 Minuten

Eine Portion enthält:

346 kcal (1448 kJ)	5,4 g Fett
27,5 g Eiweiß	45,9 g Kohlenhydrate

Zutaten

- 200 g Reis
- 2 Fenchelknollen
- 4 Karotten
- 2 EL Rapsöl
- Salz, Pfeffer
- 4 Kabeljaufilets

Zubereitung

1 Den Backofen auf 180 °C vorheizen.

2 Den Reis nach Packungsanweisung zubereiten.

3 Den Fenchel waschen und halbieren, den Strunk entfernen und in kleine Stücke schneiden. Die Karotten schälen und in feine Scheiben schneiden.

4 Das Gemüse auf ein Blech geben und mit dem Öl beträufeln. Mit Salz und Pfeffer würzen und 15 Minuten in den Ofen geben.

5 Die Fischfilets kalt abspülen, mit Küchenpapier trocken tupfen. Auf das Gemüse legen und 10 Minuten mitgaren lassen.

Gedünsteter Lachs mit Zitronen-Basilikum-Soße und Gemüse

Für 4 Portionen

Zubereitungszeit: 40 Minuten

Eine Portion enthält:

457 kcal (1912 kJ)	18,8 g Fett
30,4 g Eiweiß	38,5 g Kohlenhydrate

Zutaten

- 8–9 Kartoffeln, festkochend
- 2 Brokkoli
- 2 EL Rapsöl
- 400 g Lachsfilet, TK oder frisch
- 1 EL Butter
- 1 EL Dinkelmehl Type 630
- 300 ml Milch, 1,5 % Fett
- etwas Zitronenabrieb (bio)
- 8 Blätter frischer Basilikum, fein gehackt
- 1 Msp. Gemüsebrühepulver
- Salz, Pfeffer
- ¼ Bund Petersilie, gehackt

Zubereitung

1 Kartoffeln schälen und ca. 20–25 Minuten kochen, bis sie weich sind.

2 Brokkoli waschen, in Röschen schneiden und in kochendem Wasser ca. 10 Minuten bissfest kochen.

3 Das Rapsöl in eine Pfanne geben. Den Lachs unter kaltem Wasser abspülen, mit Küchenpapier trocken tupfen und 10–15 Minuten auf mittlerer Hitze dünsten lassen, bis er leicht gebräunt ist.

4 Für die Mehlschwitze Butter in einen Topf geben und schmelzen lassen, das Mehl dazugeben und gut verrühren. Wenn eine einheitliche Masse entstanden ist, die kalte Milch dazugeben und mit dem Schneebesen zu einer cremigen Masse verrühren. Den Zitronenabrieb dazugeben.

5 Das Basilikum ebenfalls in die Soße geben. Mit Gemüsebrühepulver, Salz, Pfeffer und Petersilie würzen. Die Brokkoliröschen dazugeben und abschmecken.

6 Den Lachs mit den Kartoffeln, der Soße und dem Brokkoligemüse anrichten.

Nudel-Lachs-Pfanne

Für 4 Portionen

Zubereitungszeit: 30 Minuten

Eine Portion enthält:

661 kcal (2766 kJ)	36,1 g Fett
33,4 g Eiweiß	48,7 g Kohlenhydrate

Zutaten

- 250 g Spaghetti
- ¼ Blumenkohl
- ½ Zwiebel (wird nicht mitgegessen)
- 2 Knoblauchzehen (wird nicht mitgegessen)
- 2 EL Rapsöl
- 400 g passierte Tomaten
- 200 g Crème fraîche
- Salz, Pfeffer
- getrocknete italienische Kräuter
- ¼ Bund Basilikum, gehackt
- 500 g Lachs

Zubereitung

1 Einen Topf mit Salzwasser erhitzen, darin die Spaghetti nach Packungsanweisung zubereiten.

2 Einen zweiten Topf mit Salzwasser erhitzen, darin den Blumenkohl garen.

3 Die Zwiebel schälen und halbieren. Den Knoblauch schälen und mit einem breiten Messer etwas andrücken, sodass er ganz bleibt, aber das Aroma in die Soße abgibt.

4 In einer beschichteten Pfanne das Öl erhitzen, darin kurz den Knoblauch und die halbe Zwiebel anbraten und dann mit den passierten Tomaten und Crème fraîche aufgießen. Blumenkohlröschen hinzugeben. Die Soße 5 Minuten einköcheln lassen, dann mit Salz und Pfeffer, den Kräutern und Basilikum abschmecken.

5 Den Lachs in die Soße legen und bei geschlossenem Deckel 5 Minuten ziehen lassen.

6 Zwiebel und Knoblauch herausnehmen. Die fertigen Spaghetti unter die Soße mengen und bei Bedarf mit Wasser nachgießen, bis die gewünschte Konsistenz entsteht.

Sommerrollen mit Shrimps

Für 4 Portionen

Zubereitungszeit: 15 Minuten

Eine Portion enthält:

275 kcal (1151 kJ)	9,8 g Fett
9,2 g Eiweiß	37,1 g Kohlenhydrate

Zutaten

- 12 Reisblätter
- 4 Blätter Eisbergsalat
- 1 reife Avocado
- 100 g Gurke
- 200 g Shrimps, TK
- 1 EL Rapsöl
- 1 Bund Koriander, gehackt
- Salz, Pfeffer

Zubereitung

1 Eisbergsalat waschen, Avocado halbieren und das Fruchtfleisch herausnehmen, Gurke schälen. Alles in feine Streifen schneiden.

2 Eine beschichtete Pfanne erhitzen und darin die Shrimps mit dem Öl 5 Minuten anbraten. Mit Salz und Pfeffer würzen und etwas abkühlen lassen.

3 Je zwei Reisblätter 1 Minute in eine Schüssel mit lauwarmem Wasser legen, dann die Blätter herausnehmen und mit der Masse belegen, mit Koriander bestreuen, salzen, pfeffern und zusammenrollen.

Seelachs-Gemüse-Pfanne

Für 4 Portionen

Zubereitungszeit: 35 Minuten

Eine Portion enthält:

370 kcal (1548 kJ)	25 g Fett
27 g Eiweiß	15 g Kohlenhydrate

Zutaten

4 Seelachsfilets à 125 g
Salz, Pfeffer
1 Bio-Limette
3 cm Ingwer
4 Karotten
400 g Chinakohl
2 EL Kokosöl
100 ml Gemüsebrühe
1 Msp. Kreuzkümmel
1 Msp. Kurkuma
½ Bund Koriander, gehackt

Außerdem:

Bratschlauch

Zubereitung

1 Den Ofen auf 160 °C (Umluft) vorheizen.

2 Seelachsfilets unter fließendem Wasser säubern, mit einem Küchentuch abtupfen und mit Salz, Pfeffer und etwas Limettensaft würzen.

3 Die Schale der Limette entfernen und das Fruchtfleisch in kleine Stückchen schneiden, den Ingwer schälen und in Scheiben schneiden.

4 Einen Bratschlauch in die passende Länge schneiden, die Filets mit Limettenstücken und Ingwerscheiben hineinlegen. Den Schlauch an den Enden zubinden und 10 Minuten in den Backofen stellen.

5 Karotten schälen, Chinakohl waschen und beides klein schneiden.

6 Das Kokosöl in einer Pfanne erhitzen und darin zunächst die Karotten 5 Minuten anbraten, dann den Chinakohl dazugeben und mit anbraten. Mit der Gemüsebrühe aufgießen und bei mittlerer Hitze und geschlossenem Deckel weitere 10 Minuten garen.

7 Mit Salz, Pfeffer, Kreuzkümmel, Kurkuma sowie Koriander abschmecken.

8 Den Bratschlauch aus dem Ofen holen, ein Ende aufschneiden. Das Gemüse auf einem Teller anrichten, den Fisch aus dem Bratschlauch nehmen und auf das Gemüse geben.

Thunfisch-Pasta-Salat

Für 4 Portionen

Zubereitungszeit: 30 Minuten

Eine Portion enthält:

466 kcal (1950 kJ)	11 g Fett
36 g Eiweiß	55 g Kohlenhydrate

Zutaten

240 g Vollkornnudeln
300 g Salatgurke
1 Dose Mais (255 g)
100 g Crème fraîche
2 EL Rapsöl
2 EL milder Essig
240 g Thunfisch im eigenen Saft (Dose)
½ Bund Petersilie, gehackt
Salz, Pfeffer

Zubereitung

1 Einen Topf mit heißem Wasser und etwas Salz zum Kochen bringen, darin die Nudeln nach Packungsanleitung gar kochen. Abgießen und unter kaltem Wasser abschrecken, bis die Nudeln kalt sind, und in eine Schüssel geben.

2 Die Salatgurke waschen, klein schneiden und dazugeben.

3 Den Mais abgießen und mit Crème fraîche, Öl und Essig unterrühren.

4 Den Thunfisch abgießen und mit der Petersilie zum Nudelsalat geben. Nach Bedarf mit Salz und Pfeffer abschmecken.

Gemüse-Fisch-Curry

Für 4 Portionen

Zubereitungszeit: 30 Minuten

Eine Portion enthält:

569 kcal (2381 kJ)	27 g Fett
26 g Eiweiß	57 g Kohlenhydrate

Zutaten

- 240 g Jasminreis
- 2 Karotten
- 1 großer Brokkoli
- 1 EL Kokosöl
- 400 ml Kokosmilch
- Salz, Pfeffer
- Kurkuma, Kreuzkümmel
- 500 g Seelachsfilet

Zubereitung

1 Einen Topf mit heißem Wasser und etwas Salz zum Kochen bringen, den Reis nach Packungsanleitung zubereiten und anschließend warmhalten.

2 Die Karotten schälen, den Brokkoli waschen und beides sehr klein schneiden.

3 Das Kokosöl in einer Pfanne erhitzen und die Karotten und den Brokkoli 10 Minuten anbraten. Mit der Kokosmilch ablöschen und mit den Gewürzen abschmecken.

4 Den Seelachs würfeln und in die Pfanne geben, anschließend bei geschlossenem Deckel 5 Minuten ziehen lassen.

5 Erneut abschmecken und zusammen mit dem Reis anrichten.

Nudeln mit Lachscremesoße

Für 4 Portionen

Zubereitungszeit: 30 Minuten

Eine Portion enthält:

751 kcal (3142 kJ)	37 g Fett
34 g Eiweiß	69 g Kohlenhydrate

Zutaten

- 320 g Vollkornspaghetti
- 200 g Stangensellerie
- 2 EL Rapsöl
- 2 EL Tomatenmark
- 400 g passierte Tomaten
- 150 ml Gemüsebrühe
- 200 g Crème fraîche
- Salz, Pfeffer
- 1 TL Vollrohrzucker
- frische Kräuter, z. B. Basilikum, Thymian, Oregano, gehackt
- 500 g Lachs, frisch oder TK

Zubereitung

1 Einen Topf mit heißem Wasser und etwas Salz zum Kochen bringen und darin die Spaghetti nach Packungsanleitung gar kochen.

2 Sellerie würfeln, das Öl in einer Pfanne erhitzen. Den Sellerie anbraten, das Tomatenmark hinzugeben und kurz anschwitzen. Die passierten Tomaten und die Gemüsebrühe in die Pfanne geben und alles bei geschlossenem Deckel und mittlerer Hitze 15 Minuten köcheln lassen.

3 Die Crème fraîche unterrühren, die Soße mit Salz, Pfeffer und Zucker abschmecken und die Kräuter dazugeben.

4 Die Fischfilets unter fließendem Wasser abspülen, mit einem Küchentuch trocken tupfen und in die Soße legen. Den Deckel schließen und die Filets bei mittlerer Hitze etwa 7 Minuten durchziehen lassen.

5 Die Spaghetti mit der Soße und den Fischfilets anrichten.

TIPP

Achten Sie beim Kauf von Fisch darauf, dass er nicht aus Aquakulturen stammt.

DESSERTS UND KUCHEN

Biskuitrolle

Für 4 Portionen

Zubereitungszeit: 25 Minuten

Eine Portion enthält:

273 kcal (1142 kJ)	6,9 g Fett
9,5 g Eiweiß	41,3 g Kohlenhydrate

Zutaten

- 5 Eier
- 1 Eigelb
- 7 EL Zucker
- 90 g Dinkelmehl Type 630
- ½ TL Backpulver
- Vanilleextrakt
- Erdbeer- oder Aprikosenkonfitüre zum Befüllen
- Puderzucker nach Geschmack
- Erdbeeren oder Aprikosen zu Garnieren

Zubereitung

1 Eier und Eigelb schaumig schlagen. Zucker untermischen und weitere 2–3 Minuten schlagen.

2 Das Mehl und Backpulver dazusieben und vorsichtig unterheben.

3 Den Teig auf ein Backblech mit Backpapier streichen und im vorgeheizten Backofen 12 Minuten backen.

4 Die Biskuitplatte sofort lösen und in ein Geschirrtuch einrollen, erkalten lassen.

5 Die Platte mit der Konfitüre bestreichen und aufrollen, mit etwas Puderzucker bestreuen. Zum Schluss mit Obststücken garnieren.

Vanillewaffeln

Für 2 Portionen

Zubereitungszeit: 15 Minuten

Eine Portion enthält:

481 kcal (2013 kJ)	14,1 g Fett
29,9 g Eiweiß	54,4 g Kohlenhydrate

Zutaten

- 1 EL Rapsöl
- 120 g Dinkelmehl Type 630
- 200 g Magerquark
- 4 Eier
- 2 TL Backpulver
- 1 Msp. Vanilleextrakt
- 2 EL Honig
- Puderzucker nach Geschmack

Außerdem:

- Waffeleisen

Zubereitung

1 Ein Waffeleisen erhitzen und mit dem Rapsöl einfetten.

2 Alle Zutaten in eine Schüssel geben und mit dem Handrührgerät zu einem homogenen Teig rühren.

3 Von dem Teig je einen großen Klecks auf beide Seiten des Waffeleisens geben, den Deckel schließen und die Waffeln ca. 5 Minuten ausbacken. Mit Puderzucker bestreuen.

Erdbeertiramisu

Für 2 Portionen

Zubereitungszeit: 15 Minuten

Eine Portion enthält:

272 kcal (1138 kJ)	3,3 g Fett
12,5 g Eiweiß	46,6 g Kohlenhydrate

Zutaten

- 4 Löffelbiskuits
- 100 ml Pflanzendrink, z. B. Hafer- oder Mandelmilch
- 100 g Magerquark
- 110 g Joghurt natur, 1,5 % Fett
- 200 g Erdbeeren
- 1 TL Kakaopulver, entölt

Zubereitung

1 Löffelbiskuits kurz in den Pflanzendrink tauchen und anschließend in kleine Gläschen oder eine ganz kleine Auflaufform füllen.

2 Den Quark mit dem Joghurt zu einer homogenen Masse schlagen, bei Bedarf mit Honig süßen. Die Erdbeeren klein schneiden.

3 In die Gläschen oder die Auflaufform die Quarkcreme schichten, darauf die Erdbeeren. Zum Schluss mit Kakaopulver bestreuen.

Karotten-Mandel-Hafer-Kuchen

Für 1 kleine Kastenform/10 Stücke

Zubereitungszeit: 15 Minuten
Ofenzeit: 30 Minuten

Eine Portion enthält:

73 kcal (305 kJ)	1,8 g Fett
3,1 g Eiweiß	10,9 g Kohlenhydrate

Zutaten

- 50 g Haferflocken, fein
- 2 Karotten
- 50 g Mandeln gemahlen
- 50 g Dinkelmehl Type 630
- 1 TL Backkakao
- 1 TL Backpulver
- 3 Eier
- 3 EL Zucker
- Zimt
- etwas Lebkuchengewürz nach Belieben

Zubereitung

1 Den Backofen auf 180 °C Umluft vorheizen.

2 Die Haferflocken in einem Mixer mahlen und in eine Schüssel geben.

3 Die Karotten raspeln und dazugeben. Die restlichen Zutaten in die Schüssel dazugeben und alles mit einem Handrührgerät vermengen.

4 Eine kleine Kastenform mit Backpapier auslegen. Den Teig einfüllen und die Form 30 Minuten in den Backofen geben.

Grießflammeri mit Aprikosen

Für 2 Portionen

Zubereitungszeit: 20 Minuten

Eine Portion enthält:

165 kcal (690 kJ)	2 g Fett
6,4 g Eiweiß	29,4 g Kohlenhydrate

Zutaten

- 250 ml Milch, 1,5 % Fett
- 1 EL Honig
- 25 g Weichweizengrieß
- 200 g Aprikosen

Zubereitung

1 Milch mit dem Honig zum Kochen bringen. Den Grieß dazurieseln lassen und 10 Minuten köcheln lassen. Den Flammeri in kleine Gläschen gießen.

2 Die Aprikosen waschen, entkernen, klein schneiden und in einer hohen Schüssel fein pürieren. Das Obstpüree über die Flammeris geben.

Schoko-Mandel-Tassenkuchen

Für 4 Tassen

Zubereitungszeit: 10 Minuten

Eine Portion enthält:

318 kcal (1331 kJ)	20,8 g Fett
17,2 g Eiweiß	13,7 g Kohlenhydrate

Zutaten

40 g Zartbitterschokolade
4 Eier
120 g Mandeln, gemahlen
120 g Magerquark
4 TL Zucker
2 TL Backpulver
10 g Kakaopulver
Außerdem:
Mikrowelle

Zubereitung

1 Die Zartbitterschokolade fein hacken. Alle Zutaten gut mit einem Schneebesen in einer Schüssel vermengen.

2 Auf 4 feuerfeste Förmchen oder Tassen aufteilen und 2 Minuten auf der höchsten Stufe in die Mikrowelle geben.

Haferquadrate

Für 12 Riegel

Zubereitungszeit: 10 Minuten

Eine Portion enthält:

108 kcal (452 kJ)	3,6 g Fett
3,7 g Eiweiß	13,8 g Kohlenhydrate

Zutaten

200 g Haferflocken, fein
50 g Honig
125 ml Milch, 1,5 % Fett
2 Eier
70 g Apfelmark
1 TL Backpulver
50 g gemahlene Mandeln
1 TL Zimt
1 TL Lebkuchengewürz nach Belieben

Zubereitung

1 Den Ofen auf 180 °C Umluft vorheizen.

2 Alle Zutaten in einer Schüssel vermengen. 20 Minuten ziehen lassen. Die Masse in eine Auflaufform geben und 20–30 Minuten (je nach Dicke der Riegel) in den Ofen geben.

3 Herausnehmen, etwas abkühlen lassen und in 12 Rechtecke schneiden.

Fruchtiger Kokoskuchen

Für 12 Stücke

Zubereitungszeit: 10 Minuten
Ofenzeit: 45 Minuten

Eine Portion enthält:

221 kcal (925 kJ)	9 g Fett
6 g Eiweiß	26 g Kohlenhydrate

Zutaten

- 200 g Dinkelmehl Type 630
- 100 g Kokosmehl
- 100 g Zucker
- 6 EL Kokosöl
- 1 Ei
- 150 g Magerquark
- 1 Pck. Backpulver
- 600 g Aprikosen

Zubereitung

1 Den Ofen auf 180 °C Umluft vorheizen.

2 Alle Zutaten außer die Aprikosen in einer Schüssel mit einem Handrührgerät vermengen. Eine Springform mit etwas Kokosöl einfetten und den Teig hineingeben.

3 Die Aprikosen waschen, halbieren und entsteinen. Auf den Teig legen und den Kuchen 45 Minuten in den Ofen geben.

Quark-Vanille-Auflauf mit Heidelbeeren

Für 4 Portionen

Zubereitungszeit: 10 Minuten
Ofenzeit: 30 Minuten

Eine Portion enthält:

307 kcal (1284 kJ)	4,9 g Fett
20,9 g Eiweiß	40,5 g Kohlenhydrate

Zutaten

- 60 g Zucker
- 4 Eier
- 2 Pck. Vanillepuddingpulver
- 500 g Magerquark
- 320 g Heidelbeeren, frisch oder TK

Zubereitung

1 Den Backofen auf 200 °C Umluft vorheizen.

2 Den Zucker mit den Eiern aufschlagen, das Puddingpulver und den Quark unterrühren. Die Heidelbeeren unterheben und die Masse in eine Auflaufform geben.

3 Die Form 30 Minuten in den Backofen geben.

TIPP

Alternativ eignen sich für den Auflauf auch Süßkirschen oder andere Beeren, die Sie gut vertragen.

Apfeltaschen

Für 4 Portionen

Zubereitungszeit: 15 Minuten
Kühlzeit: 30 Minuten
Ofenzeit: 20 Minuten

Eine Portion enthält:

461 kcal (1929 kJ)	11,4 g Fett
13,6 g Eiweiß	75,3 g Kohlenhydrate

Zutaten

- 150 g Magerquark
- 1 Ei
- 300 g Dinkelmehl Type 630
- 1 Pck. Backpulver
- 7 EL Zucker
- 4 EL Rapsöl
- 2 große Äpfel
- Zitronensaft

Zubereitung

1 Den Ofen auf 180 ° Ober- und Unterhitze vorheizen.

2 Den Quark mit dem Ei, Mehl, Backpulver, Zucker, Rapsöl zu einem Teig kneten. Im Kühlschrank 30 Minuten ruhen lassen.

3 Den Teig ausrollen und mit einer Schüssel Kreise von ca. 10 cm Durchmesser ausstechen.

4 Die Äpfel waschen, klein schneiden und mit etwas Zitronensaft beträufeln. In die Mitte der Kreise legen. Den Teig zusammenklappen, sodass die Enden aufeinander liegen und ein Halbkreis entsteht. Dann mit einer Gabel die Enden zusammendrücken.

5 Die Apfeltaschen ca. 20 Minuten in den Backofen stellen.

Rezeptregister

Frühstück

Snacks und Dips

Suppen

Vegetarische Hauptgerichte

Hauptgerichte mit Fleisch und Fisch

Desserts und Kuchen

Gesund genießen mit hochwertigem Eiweiß

Stand 2021. Änderungen vorbehalten.

- Internationale Gesundheitsgesellschaften sind sich einig: mehr Eiweiß fördert die Gesundheit
- Nahrung mit einem hohen Proteinanteil gehört zu den effektivsten Helfern, wenn es ums Abnehmen und Muskelaufbau geht
- Alle Rezepte sind alltagstauglich und enthalten die wichtigen Nährwertangaben

Martina Amon

111 High-Protein-Rezepte

168 Seiten, ca. 60 Abbildungen
15,5 x 21,0 cm, Softcover
ISBN 978-3-8426-2947-9
€ 19,99 [D] · € 20,60 [A]

Der Ratgeber ist auch als eBook erhältlich.

humboldt

... bringt es auf den Punkt.

Bibliografische Information der Deutschen Nationalbibliothek
Die Deutsche Nationalbibliothek verzeichnet diese Publikation in der deutschen Nationalbibliografie; detaillierte bibliografische Daten sind im Internet über http://dnb.ddb.de/ abrufbar.

ISBN 978-3-8426-3015-4 (Print)
ISBN 978-3-8426-3016-1 (PDF)
ISBN 978-3-8426-3017-8 (EPUB)

Abbildungen:
Titelmotiv: shutterstock / Liliya Kandrashevich
Martina Amon, Sven Bach: 5
stock.adobe.com: bilderzwerg: 8; Yulia Furman: 19; miya227: 40; Yaruniv-Studio: 56/57; nesavinov: 59; photosimysia: 61; Yulia Furman: 65; robynmac: 67; Tanya_F: 69; Svetlana Monyakova: 71; Manuta: 73; ricka_kinamoto: 75; Impact Photography: 77; MissesJones: 79; Anna Pustynnikova: 81; supercat67: 83; Eddie: 87; JJAVA: 89; Barbara Pheby: 91; lilechka75: 95; nerudol: 97; ipopba: 99; Dar1930: 101; Lilechka75: 103; Olha Afanasieva: 107; A_Lein: 109; fkruger: 111; Azurita: 113; Anna_Shepulova: 115; fahrwasser: 117; jd-photodesign: 120; takayama: 121; Vladislav Nosik: 124; robynmac: 126; manyakotic: 131; Anna Subbotina: 132; lblinova: 133; DorisHeinrichs: 141; A_Lein: 143; Anastasia Izofatova: 145
123rf.com: Vincenzo De Bernardo: 85, 118; Corinna Gissemann: 128; handmadepictures: 135; Sergejs Rahunoks: 136; Piyaphat Detbun: 147
iStockphoto.com: luchezar: 93; dirkr: 105; Dejan Kolar: 139

2. Auflage

Die Ratgebermarke der Schlütersche Fachmedien GmbH
Hans-Böckler-Allee 7, 30173 Hannover
www.humboldt.de
www.schluetersche.de

Aus Gründen der besseren Lesbarkeit wurde in diesem Buch die männliche Form gewählt, nichtsdestoweniger beziehen sich Personenbezeichnungen gleichermaßen auf Angehörige des männlichen und weiblichen Geschlechts sowie auf Menschen, die sich keinem Geschlecht zugehörig fühlen.
Autoren und Verlag haben dieses Buch sorgfältig erstellt und geprüft. Für eventuelle Fehler kann dennoch keine Gewähr übernommen werden. Weder Autoren noch Verlag können für eventuelle Nachteile oder Schäden, die aus in diesem Buch vorgestellten Erfahrungen, Meinungen, Therapien, Medikamenten, Methoden und praktischen Hinweisen resultieren, eine Haftung übernehmen. Insgesamt bieten alle vorgestellten Inhalte und Anregungen keinen Ersatz für eine medizinische Beratung, Betreuung und Behandlung.
Etwaige geschützte Warennamen (Warenzeichen) werden nicht besonders kenntlich gemacht. Daraus kann nicht geschlossen werden, dass es sich um freie Warennamen handelt.

Lektorat: Linda Strehl, wort & tat, München
Layout: Groothuis, Lohfert, Consorten, Hamburg
Covergestaltung: Zero, München
Satz: Die Feder · Werbeagentur GmbH, Wetzlar
Druck und Bindung: Gutenberg Beuys Feindruckerei GmbH, Langenhagen

Gedruckt mit mineralölfrei hergestellten Druckfarben und Strom aus erneuerbaren Energien.
Die eingesetzten Klebe- und Bindestoffe entsprechen den derzeitigen Umweltstandards, die vom RAL Institut für Gütesicherung und Kennzeichnung geprüft wurden. Die Druckplattenentwicklung erfolgte mit reduziertem Einsatz von Chemikalien.